SAMMLUNG GÖSCHEN BAND 797

SCHALTANLAGEN

in elektrischen Betrieben

Von

Professor Dr. F. Niethammer
in Stuttgart

II

Schaltanlagen für hohe Spannungen und große Leistungen / Unterstationen Schutzvorrichtungen / Fortschritte im Schaltanlagenbau

Mit 55 Figuren

Dritte Auflage

Walter de Gruyter & Co.
vormals G. J. Göschen'sche Verlagshandlung · J. Guttentag, Verlagsbuchhandlung · Georg Reimer · Karl J. Trübner · Veit & Comp.
Berlin 1916

Archiv-Nr. 110 797
Druck: Otto Walter, Berlin
Printed in Germany

Gen.-Nr. 1941 — 6000. II. 46.

Inhalt

Literatur

(Siehe auch Band I, Nr. 796, Seite 3 und 4).

J. Teichmüller, Lehrgang der Schaltungsschemata elektrischer Schaltanlagen. I. Band: Gleichstrom, II. Band: Wechselstrom (R. Oldenbourg, München).

E. Hirschfeld, Handbuch der Schaltungsschemata. Zwei Bände (L. Marcus, Berlin).

F. Niethammer, Elektrische Schaltanlagen und Apparate (F. Enke, Stuttgart).

DIN-Taschenbuch 2, Schaltzeichen und Schaltbilder (Beuth-Verlag, Berlin).

Collin, A. G., High and Low Tension Switchgear Design, New York.

H. Kyser, Elektrische Kraftübertragung. Band I bis III (J. Springer, Berlin).

W. Petersen, Hochspannungstechnik (F. Enke, Stuttgart).

G. Klingenberg, Bau großer Elektrizitätswerke (J. Springer, Berlin).

J. Schmidt, Über den Aufbau moderner Schalt- und Apparatetafeln (Hachmeister & Thal, Leipzig).
G. J. Erlacher, Elektrische Apparate (Hannover).
L. Andrews, Electricity control (London).
S. Herzog, Elektrische Apparate und Apparatenanlagen (Karlsruhe).
Ad. Boje, Schalttafelbau (Jänecke, Leipzig).
E. Stadelmann, Der Schalttafelwärter (Jänecke, Leipzig).
Normen, Vorschriften, Regeln und Leitsätze des Verbandes Deutscher Elektrotechniker (J. Springer, Berlin).
Außerdem die Fachzeitschriften und die Druckschriften der Elektrizitätsfirmen.

Abkürzungen

SW	=	Sachsenwerk
A. E. G.	=	Allgemeine Elektricitäts-Gesellschaft (Berlin).
G. E. Co.	=	General Electric Company (USA).
E. W.	=	Elektrizitätswerk.
S. S. W.	=	Siemens-Schuckert-Werke (Berlin).
E. T. Z.	=	Elektrotechnische Zeitschrift (Berlin).
E. K. B.	=	Elektrische Kraftbetriebe und Bahnen (München).
E. u. M.	=	Elektrotechnik und Maschinenbau (Wien).
Z. d. V. d. I.	=	Zeitschrift des Vereins deutscher Ingenieure (Berlin).
A	=	Ampere.
V	=	Volt. kV = Kilovolt (= 1000 Volt).
n	=	minutliche Umläufe (U/m).
Ah	=	Amperestunden.
kW	=	Kilowatt.
kVA	=	Kilovoltampere.
s	=	Sekunde.
Per/s	=	Perioden in 1 Sekunde.

I. Hochspannungs-Schaltanlagen[1]) mit Fernbetätigung

a) Hochspannungsanlagen bis etwa 60 000 V

Übersteigt die Betriebsspannung 1000 bis 5000 V und die Werksleistung einige Hundert kW, so wird die Schaltanlage räumlich scharf in eine eigentliche Bedienungsschaltwarte und einen oder mehrere Hochspannungsräume geschieden. Die einfachste Anordnung ist nach Bd. I Fig. 41 derart ausgebildet, daß zunächst die Bedienungstafel mehrere Meter von der Wand abgerückt und in einem Gerüst an dieser Wand die Hochspannungsschalter *O*, die Meßtransformatoren *SpT* und darüber die Hochspannungs-Sammelschienen *HSa* untergebracht werden. Die vordere Hauptschalttafel umfaßt die Meß- und Schaltapparate für die Gleichstromgeneratoren und für die Akkumulatoren mit Ladeeinrichtungen sowie die Schaltergriffe, Handgriffe und Meßinstrumente für die Drehstromseite. Die gesamte Hochspannung sitzt rückwärts hinter einem abgeschlossenen Gang, die Ölschalter *Ö* werden durch einen Gestängeantrieb mit Winkelhebel oder auch durch Ketten- oder Seiltriebe mechanisch betätigt. Die Anlaßwiderstände *AW* der Schleifringmotoren stehen im Keller, und dahinter ist die Gleichstrom-Verteiltafel errichtet, von der die ins Netz gehenden Kabel *K* abzweigen. Auch unterhalb der Bedienungstafel läßt sich der abgeschlossene Hochspannungsraum einrichten, also im Keller, wie das schon aus Bd. I Fig. 42 zu ersehen ist, oder, wenn die Bedienungstafel im ersten Stock überhöht aufgestellt wird, im Erdgeschoß.

Die Schaltanlage Fig. 1 der Bergmann-Elektrizitätswerke hat zwei Hochspannungsräume: einen oberen im ersten Stock hinter der für die unmittelbare Bedienung bestimmten überhöhten Pultschalttafel und einen unteren auf dem Maschinenhausfußboden. Vor dem unteren Hochspannungs-

[1]) Dr. A. Roth, Hochspannungstechnik (Springer-Verlag).

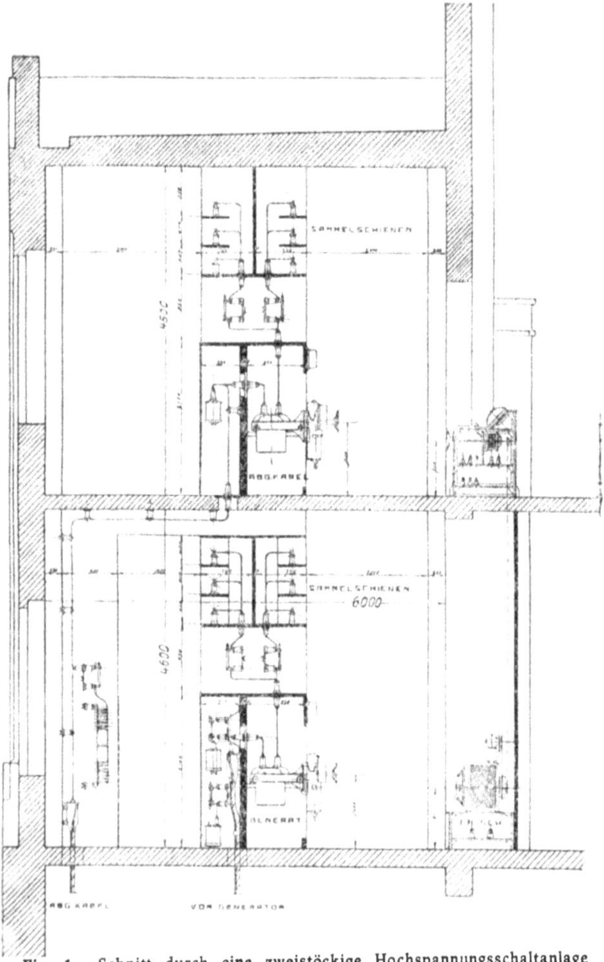

Fig. 1. Schnitt durch eine zweistöckige Hochspannungsschaltanlage der Bergmann-E.-W.

raume verlaufen die Erreger-Sammelschienen *ER.SCH*, über denen die mechanisch und elektrisch ferngesteuerten Feldregler sitzen. Von unten treten die Generator-Kabel in den Hochspannungsraum ein; von den Kabelendverschlüssen gehen Porzellanwanddurchführungen in die einzelnen allseits abgeschlossenen Ölschalter z e l l e n. Darüber sitzen

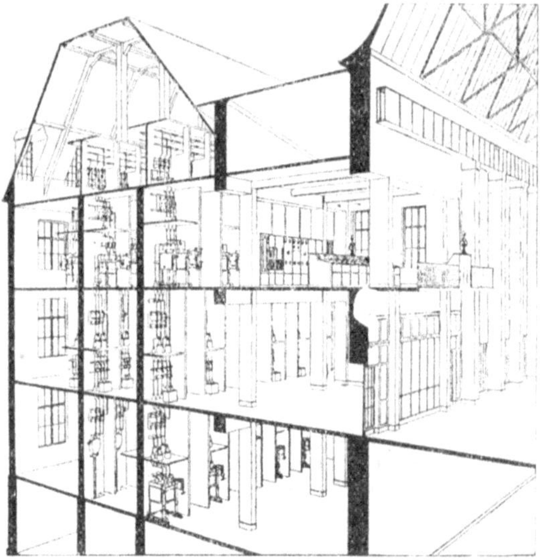

Fig. 2. Schaltanlage für das E.-W. Düsseldorf von Voigt & Haeffner A. G.

die Trennschalter zur wahlweisen Verbindung mit einem der beiden Ringsammelschienensysteme, die einzeln in abgedeckten Kanälen verlaufen. An beiden Enden des unteren Raumes steigen die Sammelschienen in den oberen Raum. Von dort zweigen dann wieder über Trennschalter und Ölschalter die abgehenden Kabel ab. Rückwärts unten stehen Rollenfunkenstrecken als Überspannungsschutz. Die

Strom- und Spannungswandler, letztere mit Röhrensicherungen geschützt, liegen in Zellen, die an die Rückwand der Ölschalterzellen stoßen und die mit gelochtem Blech abgedeckt sind.

Einen schönen Einblick in ein mehrstöckiges Hochspannungs-Schalthaus, das an das Maschinenhaus angebaut ist, gibt das perspektivische Bild Fig. 2: 4 × 35 000 kW, 25 000/5000 V Drehstrom, 220 V Gleichstrom; ganz oben die Doppelsammelschienen, darunter Ölschalter und davor die Betätigungs-Schaltanlage aus einer lotrechten Schaltwand und zwei Schaltpultreihen bestehend, auf gleicher Höhe mit den Maschinen die Zellen für die Strom- und Spannungswandler, im Keller die Generatoren-Ölschalter und Kabelendverschlüsse.

Die Schaltanlage Fig. 3 der Brown Boveri & Cie. A.-G. (Usine du Fayet) versorgt vier (später sechs) Dreiphasengeneratoren von je 2100 kW 4000 V 50 Per/s; zu jedem gehört ein Transformator gleicher Leistung mit 45 000 V Oberspannung. Im ersten Stock steht auf einem Vorsprung ein langes Schaltpult, sechs Felder enthalten die zum Teil als Säule aufgesetzten Meßinstrumente und Apparate der Generatoren, drei Felder gehören zu den Erregermaschinen, ein Feld dient dem Antrieb der Hauptstrom-Feldregler, und zum Schluß folgen drei Verteilungs- oder Speisefelder. Hinter dem Pult ist eine neunfeldige lotrechte Schaltwand zur Aufnahme der Schalterrelais und Zähler sowie eines registrierenden Leistungszeigers aufgestellt. Im Erdgeschoß sind vorn die Erreger-Sammelschienen, Erregersicherungen und die mit Ketten gesteuerten Feldregelwiderstände untergebracht, dahinter die 4000-V-Einrichtungen, also Sammelschienen, Trennschalter und Meßwandler und anschließend die wassergekühlten Haupttransformatoren mit Abfuhrgleis. Im ersten Stock sind hinter den Bedienungstafeln die mit Schaltmotor elektrisch fernbetätigten Ölschalter für die Verbindung zwischen den Transformatoren und den im zweiten Stock liegenden, in Betonzellen eingebauten 45 000-V-Sammelschienen. Im zweiten Stock sind auch die Fernleitungs-Ölschalter samt den Sammelschienen-Trennschal-

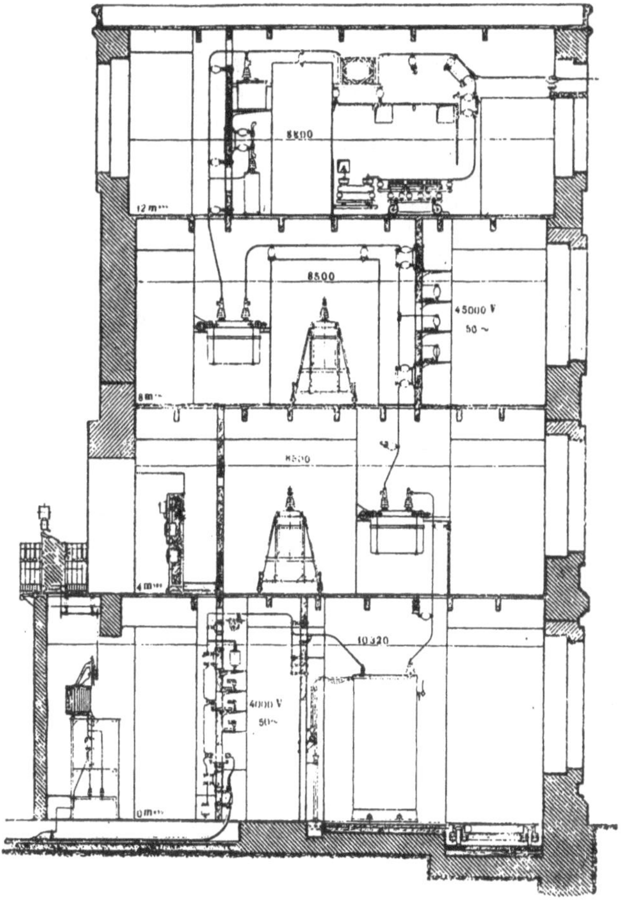

Fig. 3. Schnitt durch eine mehrstöckige Hochspannungsschaltanlage der Brown Boveri & Cie. A.-G. (Usine du Fayet).

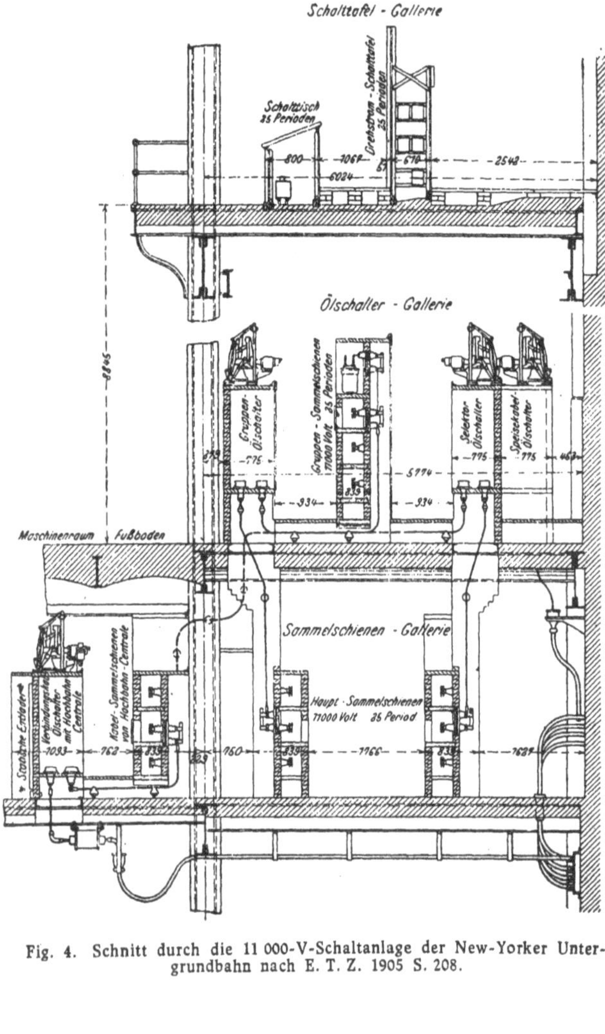

Fig. 4. Schnitt durch die 11 000-V-Schaltanlage der New-Yorker Untergrundbahn nach E. T. Z. 1905 S. 208.

tern angeordnet. Der Austausch eines fehlerhaften Schalters erfolgt mit Hilfe eines in Fig. 3 eingezeichneten Fahrgestells. Die Kessel großer Ölschalter werden nach Bd. I Fig. 40 unmittelbar auf Räder gesetzt. Im obersten Stockwerk der Fig. 3 findet man links oben die Stromwandler, links unten die Spannungswandler für den registrierenden Leistungszeiger, in der Mitte oben die Schutzdrosselspulen und darunter die Rollenableiter mit Wasserwiderstand. Vom Verbindungspunkt der beiden zugehörigen Trennschalter zweigt die Fernleitung ab. Ein dreipoliger Wasserstrahlerder, der im dritten Stock steht und an die Sammelschienen für 45 000 V angeschlossen ist, ist nicht eingezeichnet.

Die Fig. 4 und 5 veranschaulichen nach E. T. Z. 1905 S. 208 die Anordnung der amerikanischen Schaltanlage im Kraftwerk der New-Yorker Untergrundbahn, wo in fünf großen Turbogeneratoren Drehstrom von 11 000 V erzeugt wird. Die Bedienungsschaltanlage liegt ein Stockwerk erhöht über dem Maschinenhausfußboden. Der Stromverlauf ist folgender: Von den Generatoren führen Kabel zu den Generator-Ölschaltern (Fig. 5), die mit kurzen Generator-Sammelschienen verbunden sind. Diese können über Selektorölschaltern (Fig. 4) wahlweise auf eines der beiden Systeme von Hauptsammelschienen geschaltet werden. Gruppenölschalter ermöglichen die Verbindung zwischen den Haupt- und Gruppensammelschienen. Von den letzteren zweigen die zu den Umformer-Unterstationen führenden Fernkabel mittels der Speisekabel-Ölschalter ab. Die Betätigung der von der General Electric Co. gelieferten Ölschalter, die je in drei Ziegelsteinkammern mit Schieferplattenabdeckung sitzen, geschieht durch Gleichstrommotoren, die vom Hauptschaltpult auf der Schalttafelgalerie ferngesteuert werden. Die Sammelschienen verlaufen durchweg in gemauerten Zellen.

In England werden nach Ferguson (Journal Inst. El. Eng. Dezember 1925) eisengepanzerte, öl- oder compoundgefüllte Schaltanlagen System Reyrolle nach Fig. 6 für Spannungen bis 66 000 V vielfach verwendet: Sammel-

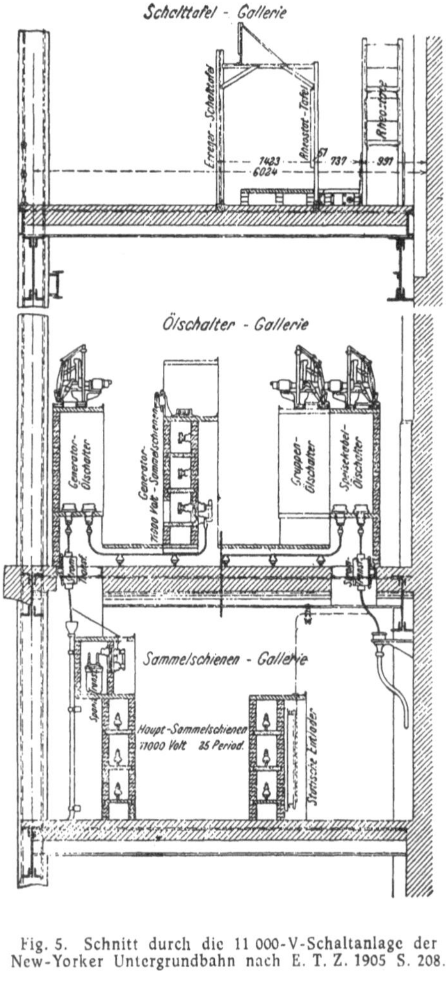

Fig. 5. Schnitt durch die 11 000-V-Schaltanlage der New-Yorker Untergrundbahn nach E. T. Z. 1905 S. 208.

schienen, Verbindungsleitungen, Meßwandler usw. liegen in Metallgehäusen und -rinnen, die mit Öl oder Compoundmasse (Kabelmasse) ausgegossen sind, so daß sich die Schaltanlage sehr gedrängt zusammenbauen läßt. Eindringen von Staub und Berühren spannungsführender Teile ist praktisch unmöglich, so daß Explosions- und Lebensgefahren sehr verringert werden. Das System ist ein verbesserter Ausbau der Schaltkastenbatterien (Bd. I S. 83 ff.). Auch als Freiluftanlagen verwendbar.

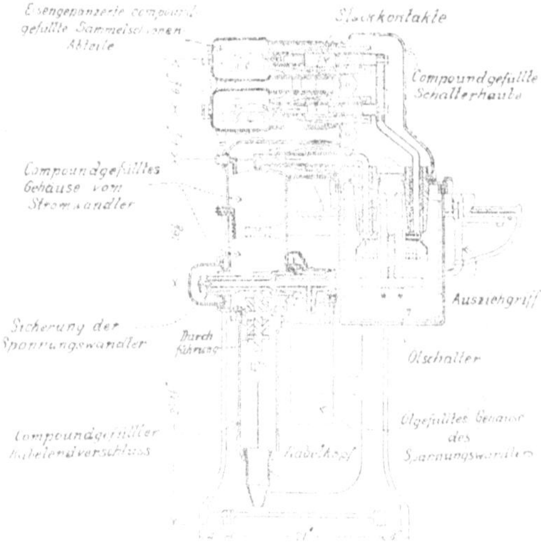

Fig. 6. Eisengepanzerte compoundgefüllte Schaltanlage.

b) Aufbau der Hochspannungsräume (Hochspannungszellen, Leitungen, Mauerdurchführungen)

Für die Hochspannungs- und Schalträume sind nur feuersichere Baustoffe zu verwenden. Die Zellen, Trennwände und Kanäle für die Hochspannungsapparate und -leitungen (Fig. 7 und 8) bestehen aus Ziegelmauerwerk,

Fig. 7. Meßzellen und Trennschalterkammern auf der 25 000-V-Seite in den Leitzachwerken (Bergmann-E.-W.).

Fig. 8. A.-E.-G.-Hochspannungs-Sammelschienen der Zentrale der Nordbahnschächte (Oderfurt).

Gipsdielen, Duroplatten (E. T. Z. 1913 S. 829) oder Beton, die Abdeckplatten aus Asbestschiefer und Seifenstein; die Zellentüren aus Blech oder Drahtglas. Führt man das Zellensystem streng durch, so muß jede Phase der Sammelschienen, jeder einzelne Trennschalter pro Phase, jeder Meßwandler, jeder Ölschalter pro Phase eine Zelle für sich erhalten. Die Leitungszuführung in die Zellen soll nicht durch einfache Löcher, sondern mit Hilfe von dichten Porzellandurchführungen erfolgen. Die verschiedenen Sammelschienensysteme sind durch Längswände völlig voneinander zu trennen, so daß am abgeschalteten System ein gefahrloses Arbeiten möglich ist. Lange Verbindungsleitungen sind in Hochspannungsschaltanlagen nach Möglichkeit als armierte Erdkabel mit Bleimantel und Endverschlüssen mit Porzellanaufsätzen (Fig. 7) auszuführen. Blanke, runde Schienen oder Rohre aus Kupfer und Eisen, die auf hohen Stützisolatoren (Fig. 1 und 8) oder an Hängeisolatoren (Fig. 15) befestigt werden, verbindet man unter sich und mit den Apparaten ohne Lötung einfach durch die Schraubklemmen Fig. 9 (A. E. G.). Die Stützisolatoren mit einem Sicherheitsgrad von mindestens 2,5 gegen Durchschlag werden in die Befestigungsbolzen eingekittet; besser ist es, die Klemmen und Gußeisenfüße am Isolator festzuklemmen. In großen Anlagen verwendet man meist Doppel-Sammelschienen oder Ringsammelschienen, wie das aus den Schaltplänen Fig. 9 und 10 vom Bd. I

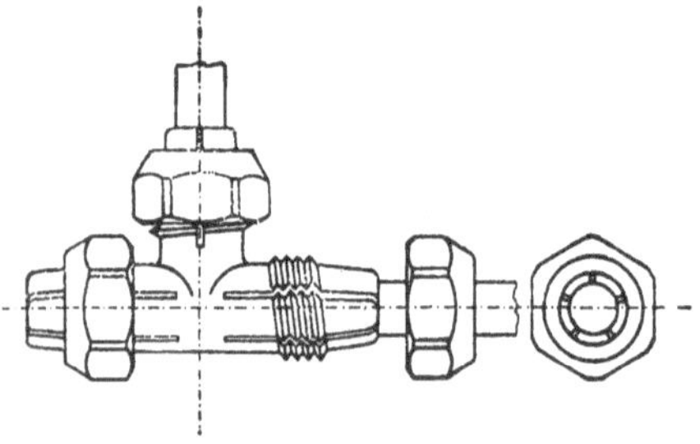

Fig. 9. A.-E.-G.-Verbindungsklemme.

hervorgeht. Häufig faßt man je einen Generator und Transformator zu einer Einheit zusammen und ordnet nur auf der Oberspannungseite der Transformatoren Sammelschienen an. Man kann aber auch Generator, Transformator und Fernleitung zu einer Einheit zusammenschließen und braucht nur Hilfs-Sammelschienen zum Austauschen beschädigter Einrichtungen.

In Amerika werden bei sehr großen Leistungen die Phasen in der Schaltanlage völlig voneinander getrennt: jede Phase baut sich in einem eigenen Gebäudetrakt vertikal in einzelnen Stockwerken auf: im untersten Stockwerk Reaktanzen und Meßwandler, im nächsten Ölschalter, dann Sammelschienen.

Bei geringen Spannungen erfolgt die Durchführung durch die Wände ins Freie nach Fig. 10 mit Porzellan-

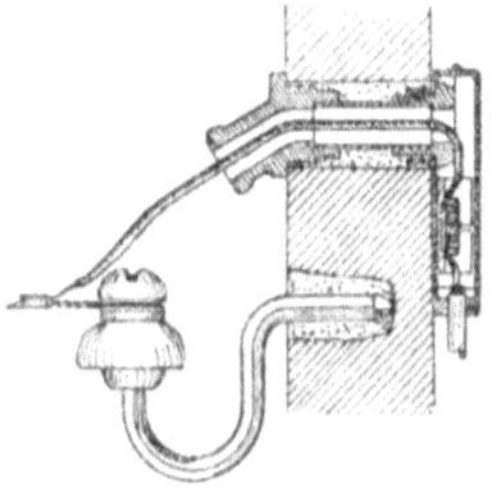

Fig. 10. Wanddurchführung für mäßige Spannung.

pfeifen und -trichtern, die ein eingegipstes oder eingekittetes Gummirohr verbindet. In Fig. 11 durchsetzt die aus dem Schaltgebäude austretende Hochspannungsleitung hintereinander zentrisch die Löcher zweier ungeteilter Glasscheiben F_1 und F_2. Über jeden Draht ist zur Verringerung von Glimmentladungen ein Metallrohr geschoben. Besser ist es, die Durchführung ins Freie nach Fig. 12 in Hülsen aus Porzellan oder anderem passendem Isolierstoff zu verlegen; die Schomburgsche Mauerdurchführung Fig. 12 für

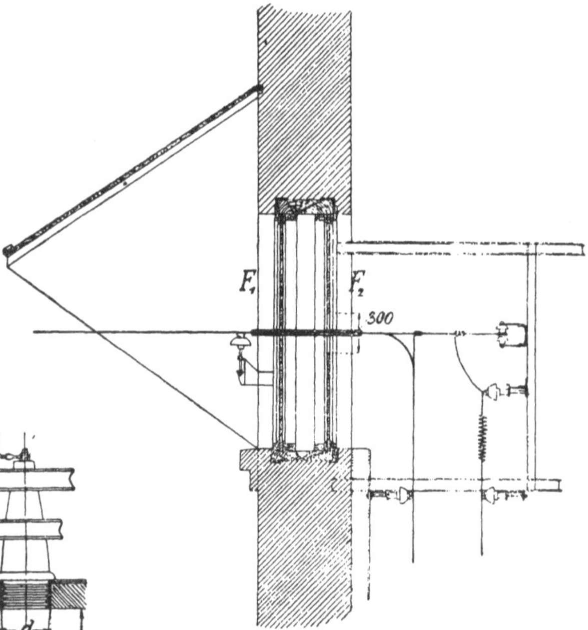

Fig. 11. Hochspannungs-Wanddurchführung aus dem Schalthaus.

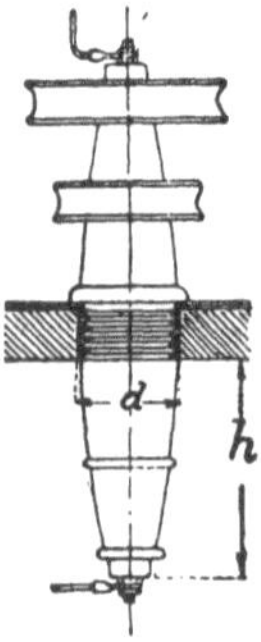

Fig. 12. Wanddurchführungshülse für 120 000 Volt nach E. T. Z. 1915, S. 422.

120 000 V Betriebsspannung hat einen Durchmesser d = 450 mm und eine einseitige Höhe h = $\sim$ 1000 mm; sie ist mit Compoundmasse ausgegossen[1]). Diese Hülsen können auch lotrecht durchs Dach geführt werden. Solche Durchführungshülsen sieht man in Fig. 29 und 30.

[1]) E. T. Z. 1915, S. 422.

Der übersichtlichen Verlegung der Meß- und Signalleitungen auf Isolierrollen, in Rohr oder als nackte Bleikabel in abgedeckten Kanälen oder in Tonröhrchen ist besondere Sorgfalt zu schenken, siehe Bd. I Fig. 38 a.

Die verschiedenen Steuer- und Schalt- sowie Meßleitungen endigen beidseits an Reihenklemmen, wo sie übersichtlich nebeneinander aufgereiht werden. Öl- und Trennschalter werden mit Signal- oder Merklampen (mattiert oder Glimmlämpchen), die den Zustand „zu" oder „offen" kennzeichnen, oder auch mit anderen Meldevorrichtungen versehen, siehe Abschnitt V.

Für die Betätigung der Schalter-Relais, Schaltspulen, der Signale und anderer Hilfseinrichtungen wird eine Akkumulatorenbatterie in einem eigenen Raum aufgestellt, der Zellenschalter kommt auf eine eigene Tafel nahe der Batterie. Die Ladung besorgt ein Umformer oder Gleichrichter.

Zusammenfassend seien die Formen, in denen Hochspannungsschaltanlagen aufgebaut werden, hier noch angeführt:

a) nach dem Zellensystem, wie in Fig. 1, 7, 8 und 28,

b) nach dem Kammersystem, wo die Zellen in Kammern sich weiten, etwa nach Fig. 21 und 22,

c) nach dem Hallensystem, bestehend aus großen luftigen freien Hochspannungshallen gemäß Fig. 15, 16, 30,

d) als Freiluft-Schalt- und Transformatorenstation nach Fig. 35 a bis 35 c, wie sie in Amerika auch an Großkraftwerke bei Spannungen über 50 000 V angebaut werden. Apparate und Transformatoren stehen ganz im Freien, Leitungen und Sammelschienen laufen an Eisengerüsten. Das gefährliche Verqualmen bei Ölexplosionen ist damit verhindert. Seit 1927 haben sie auch in Europa Verbreitung, siehe Abschnitt V 3 „Fortschritte" S. 77.

Das Schalthaus, das ein-, zwei- und mehrstöckig sein kann, wird entweder als Verlängerung des Maschinenhauses an die Schmalseite angebaut oder aber meist parallel zur Längsseite des Maschinenhauses errichtet, mit einer Verbindungsbrücke dazwischen. Das Schalthaus kann aber auch einige hundert Meter vom Maschinenhaus entfernt stehen, was hauptsächlich bei Wasserkraftanlagen vorkommt, siehe Fig. 21 und 22 sowie namentlich Fig. 13, welche das Schalthaus des Murgkraftwerkes zeigt. Es besteht aus zwei Häusern, das eine enthält die Generatoren-Schaltanlage für 10 000 und 3000 V, das andere größere die Transformatoren und die 100 000-V-Schaltanlage sowie die Fernleitungs-Ausführungen. In der Verbindungsbrücke zwischen beiden Häusern steht über der Durchfahrt die große U-förmige Betätigungs-Schaltanlage. Im entfernten Maschinenhaus sind nur gegenüber jedem Generator Hilfs-Schalttafeln aufgestellt, ähnlich Fig. 17 Bd. I. Die in Fig. 13 eingezeichneten Zahlen haben folgende Bedeutung:

3000 bis 10 000-V-Haus

1. Kontrollgang mit Zellen für Freileitungsüberspannungsschutz.
2. Kontrollgang mit Sammelschienen-Zellen.
3. Kontrollgang mit Apparate-Zellen.
4. Kontrollgang mit Ölschalter-Zellen.
5. Bedienungsgang mit Ölschalter-Fernantrieben sowie Meß- und Steuerkabel-Kanälen.
6. Kabelkeller.

100-kV-Haus

7. Sammelschienen.
8. Trennschalter.
9. Ölschalter.
10. Öl-Abflußvorrichtung.
11. Erdungsschalter.
12. Schutzdrosselspulen.
13. Kontrollgänge.
14. Bedienungsgang mit Fernantrieben für Öl- und Trennschalter sowie Meß- und Steuerkabel-Kanälen.
15. Transformator.
16. Öl-Ablaßvorrichtung.
17. Kühlschlangen für Transformator-Öl.
18. Ölumlauf-Pumpe.

19. Frischwasser-Zuflußrohr.
20. Warmwasser-Abflußrohr.

Weitere Schalthäuser siehe Fig. 28, 29 und 30 bei Unterstationen. In Fig. 15 und 16 ist das Schalthaus das wesentliche, und in dasselbe sind die Maschinen eigentlich hineingebaut.

Das instruktive Bild Fig. 14 zeigt perspektivisch das Innere des von Voigt und Haeffner A.-G. gebauten Umspannwerkes Gießen der Preußischen Kraftwerke Oberweser A.-G., das in ein 110-kV-Haus (links) und in ein 20-kV-Haus (rechts) zerfällt. Es sind 2 Haupt-Transformatoren zu je 30 000 kVA vorhanden, später kommt ein dritter hinzu; außerdem 2 Eigenbedarf-Transformatoren je 30 kVA, 190/110 Volt sowie Gleichstrom 110 V. Auf der 110 kV-Seite gehen 4 Freileitungen ab, auf der 20 kV-Seite 2, wozu noch 7 kommen. Die 110 kV-Ölschalter werden elektrisch ferngesteuert, die 20 kV-Schalter von Hand. Es ist eine Kommando-, eine Fernthermometer- und eine Gefahrmelde-Anlage vorgesehen; Buchholz-Schutz folgt. Die Registrier-Instrumente betreibt eine Hauptuhr. Den Zustand der ganzen Schaltanlage erkennt man an einer Schauzeichen-Anlage.

c) Big Creek-Anlage für 220 000 V

Je höher die Spannung und Leistung wird, desto geräumiger und luftiger muß die Schaltanlage werden. Bei sehr hohen Spannungen ist man vielfach vom Zellensystem im strengen Sinne wieder abgegangen, um die Schaltanlage in eine Reihe einzelner Hochspannungshallen abzuteilen, die dann ein ganzes Schalthaus ausmachen. In den einzelnen Räumen werden die Schienen und Leitungen sowie die Apparate, die zu verschiedenen Phasen gehören, in so großer gegenseitiger Entfernung gruppiert, daß nicht selten sogar Zwischenwände überflüssig werden. Es wird je ein besonderer Raum vorgesehen für die Sammelschienen, für die Ölschalter, für die Meßwandler, für den Überspannungsschutz usw.

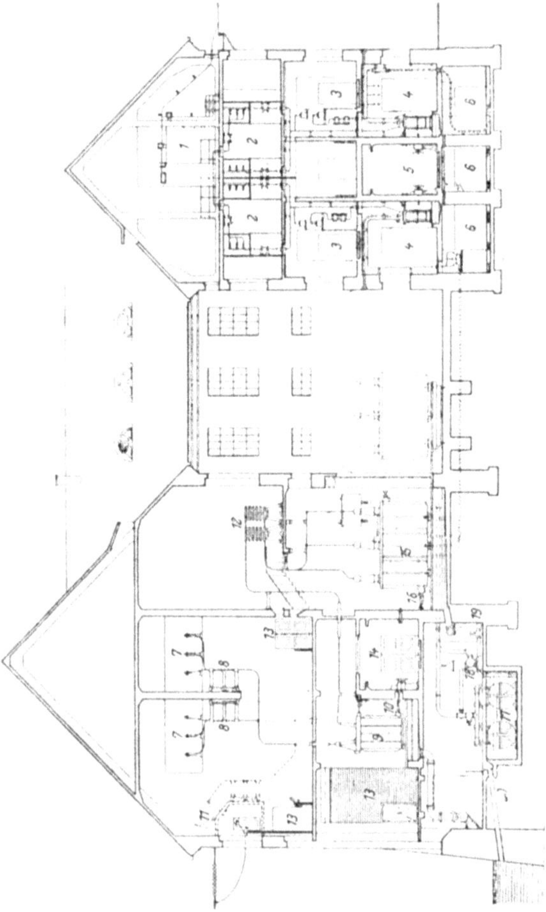

Fig. 14. Umspannwerk Gießen, 100 000 Volt.

Die Fig. 15 bis 17 geben nach El. World 1914 eine Vorstellung der nordamerikanischen Big Creek-Anlage, die ursprünglich mit 150 000, jetzt mit 220 000 V auf etwa 400 km Entfernung arbeitet. Es ist ohne weiteres ersichtlich, daß die auf fünf Stockwerke verteilte Schaltanlage viel mehr Raum beansprucht als die Maschinenanlage: auf dem Maschinenhausfußboden stehen außer den zwei mit je zwei Wasserturbinen *W* gekuppelten Drehstromgeneratoren *G* von je 17 500 kVA die Erregerumformer *E*, die Hilfserreger (agitators) *HE*, die Haupttransformatoren *Tr*, ferner je in besonderen abgeschlossenen Räumen die Ölbehälter *SÖ* und darunter *ÖB*, dann die Transformatoren *TE* für den Eigenbedarf, die vielen ferngesteuerten Feldregler *Wi*, eine freistehende Flachschalttafel *C* zur Fernbetätigung aller Gleichstromkreise, die Lademaschinensätze *BL* sowie die Akkumulatorenbatterie *Ba*. *To* ist der Waschraum. Angebaut ist das Ventilhaus *Ve*. Die 2 × 3 Einphasentransformatoren von je 5833 kVA arbeiten mit 6600 V Unterspannung in Dreieck-Schaltung und mit 220 000 V Oberspannung in Sternschaltung. Im Keller sind Kühl- und Leitungskanäle *VK* ausgespart, außerdem sind dort die Ölpumpen *ÖP* aufgestellt, die das Öl aus den großen Ölbehältern *ÖB* und *SÖ* durch Filter in die Kessel der Transformatoren und Ölschalter treiben und aus diesen wieder abziehen. Über dem Maschinenraum läuft ein 100-t-Kran. Über eine Treppe erreicht man vom Maschinenraum aus die Auslugvorhalle *Vo* der Bedienungsschalttafel *Be*, die im offenen Rechteck aus vereinigten Schaltpulten und Flachschalttafeln zusammengestellt ist. Dahinter ist das Bureau *Bü* und der Generator-Sammelschienenraum für 6600 V; darüber die 6600-V-Schalttafel und der 6600-V-Ölschalterraum sowie ein Lagerraum *Ma*. Von diesem Stockwerk gehen auch lokale 6600-V-Leitungen und Fernsprechlinien (*Tel*) ab. Im vertieften vierten Stock IV a sind die elektrolytischen Aluminiumblitzableiter *AlB* für 220 kV eingebaut, die mit den auf dem Dach stehenden Hörnerfunkenstrecken *Hi* und *Ha* hintereinander geschaltet sind. Im fünften und vierten Stock sind nebeneinander je

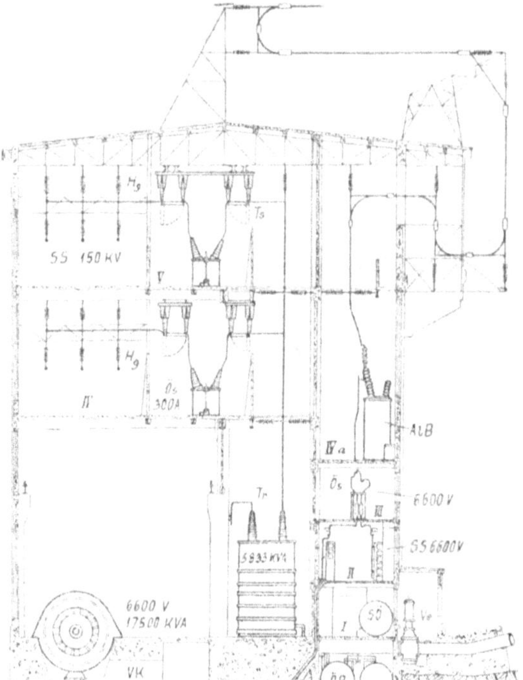

Fig. 15. Schalthaus der amerikanischen Big-Creek-Anlage für 220 000 Volt, Aufriß.
SS = Sammelschienen, *Ts* = Trennschalter, *Ös* = Ölschalter, *Tr* = Transformator, *AlB* = Aluminium-Blitzschutz, *SÖ* = Schalter-Öl, *ÖB* = Ölbehälter, *Ve* = Ventil-Haus, *VK* = Ventilations-Kanal.

ein Schalterraum *Ös* und ein Sammelschienenraum *SS* für 220 000 V, über den Ölschaltern *Ös* sind auch die Trennschalter *Ts* untergebracht. Die Sammelschienen aus Kupfer- oder gezogenem Stahlrohr von 50 mm Durchmesser hängen an neungliedrigen Hängeisolatoren *Hg*, die zum Teil an

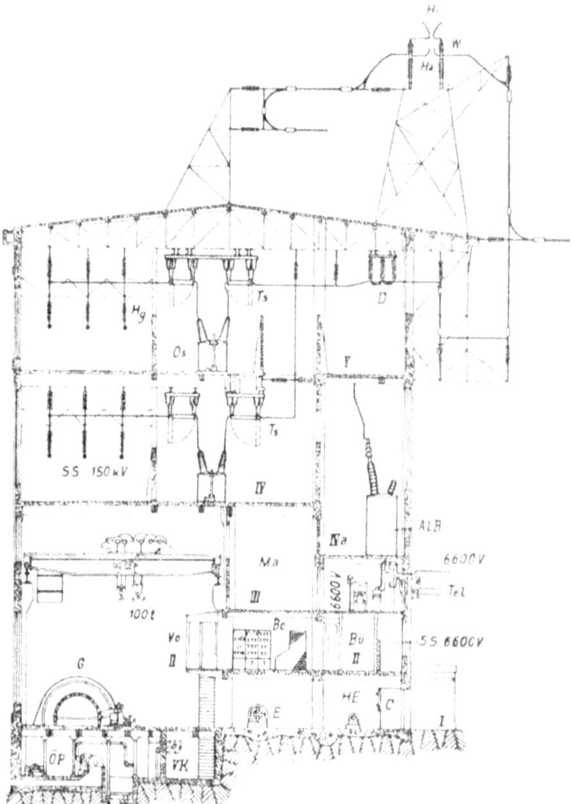

Fig. 16. Schalthaus der amerikanischen Big Creek-Anlage für 220 000 V. Aufriß.

einem, besonderen Eisengerüst, zum Teil an der Deckenkonstruktion befestigt sind. Die Sammelschienenrohre lassen sich auch an einem Hängeseil, das mit Hängeisolatoren abgespannt wird, mit lotrechten Rohrstücken aufhängen. Die inneren Verbindungsleitungen bestehen aus 30 mm starken Eisenrohren, die zum Teil auf dreibeinigen Stützisolatoren mit aufgesetztem vierten Isolator oder an Hängeisolatoren sitzen. Vor dem Austritt ins Freie sind in die abgehenden Leitungen zwischen Hängeisolatoren Drosselspulen *D* eingefügt.

d) Elektrizitätswerk Beznau

In den Fig. 15 bis 17 ist das mehrstöckige Schalthaus mit dem Maschinen- und Transformatorenhaus vollständig zusammengebaut, so daß sich Betriebsstörungen in der Schaltanlage, besonders Ölschalterbrände und -explosionen leicht durch die einzelnen Stockwerke und im Maschinenhaus ausbreiten können. Im Gegensatz dazu bringt die Brown Boveri & Cie. A.-G. und die A.-G. Motor in Baden (Schweiz) die Hochspannungsschaltanlage und die Transformatoren in einem eigenen ebenerdigen Shedbau unter, trennt sie also räumlich vollständig vom Maschinenhaus (Fig. 18 bis 22). Die einstöckige „äußere Schaltanlage" (Fig. 21 und 22) des Elektrizitätswerkes Beznau an der Aare liegt gegen 200 m von der an das Maschinenhaus angebauten mehrstöckigen „Werkschaltanlage" (Fig. 18 bis 20) entfernt; beide Anlagen sind durch ein Normalspurgleis verbunden, das durch den Shed längs der Transformatoren geführt ist. Das langgestreckte Kraftwerk enthält 11 Wasser-Turbogeneratoren und 2 Dampf-Turbogeneratoren mit 8000 V Generatorspannung und 18 800 kVA Gesamtleistung (Drehstrom 50 Per/s). Nur für die umliegende Gegend erfolgt die Versorgung unmittelbar mit 8000 V, die übrigen Fernleitungen arbeiten wie im Schema Bd. I, Fig. 9 mit 27 000 oder 47 000 V. Von den Generatoren führen dreifach verseilte, eisenarmierte Bleikabel, die durch Tonsteine getrennt in Sand gebettet und mit einer Schicht Gipsestrich abgedeckt sind, zu den im Keller der Werksanlage (Fig. 18 und 19) rechts aufgestellten Generator-Ölschaltern. Die einadrigen Erregerkabel mit nacktem Bleimantel liegen offen, durch einen Steg aus Mauerwerk getrennt, seitlich von den 8000-V-Kabeln. Unter jedem Generator befindet sich ein Span-

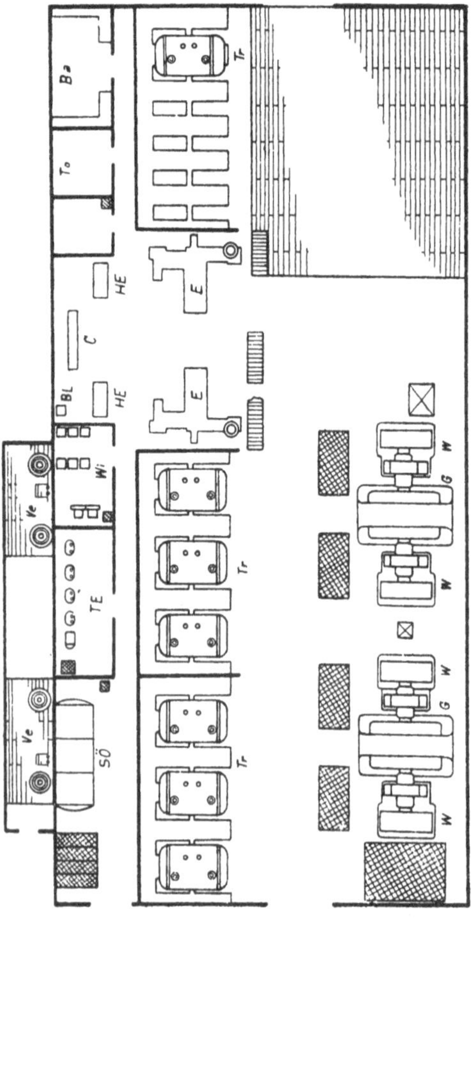

Fig. 17. Schalthaus der amerikanischen Big Creek-Anlage für 220 000 Volt. Grundriß.

nungswandler, ein Überspannungsschutzapparat und ein Trennschalter. Über den vorn im Keller stehenden Generator-Ölschaltern verlaufen im Erdgeschoß die beiden Systeme der Generatorsammelschienen, darüber im ersten

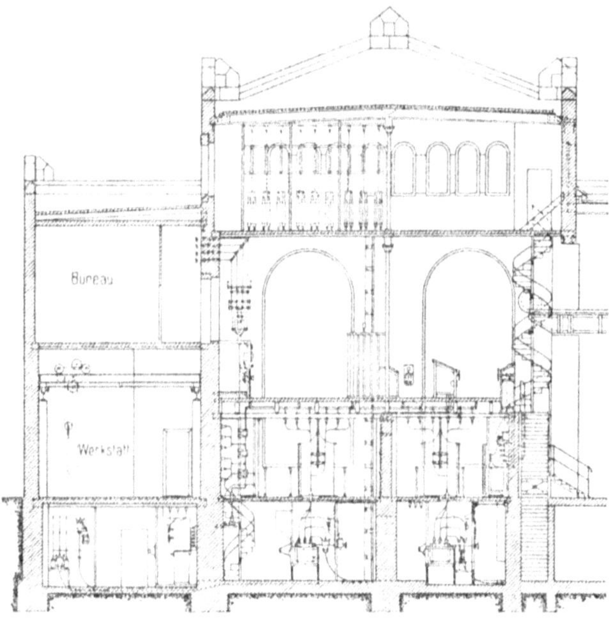

Fig. 18. Werkschaltanlage im Maschinenhaus.
Aufriß. Vertikale Wasserturbosätze rechts.

(Fig. 18 bis 22. Schaltanlage des Überlandwerkes Beznau von Brown Boveri & Cie. A.-G.).

Stock die aus zahlreichen Schaltpulten und Flachschalttafeln zusammengesetzte Bedienungsschaltanlage oder die gemeinsame Kommandostelle (Fig. 20) für die innere und äußere Schaltanlage. Die beiden Räume links unter der Kommandostelle dienen zur Unterbringung der Speiser-

Sammelschienen (im Erdgeschoß) und der Speiser-Ölschalter (Feeder-Schalter im Keller). Der Ausführungsraum für die Fernleitungen, in die sich der im Keller stehende Zusetzer (survolteur) schalten läßt, liegt über der Kommandostelle

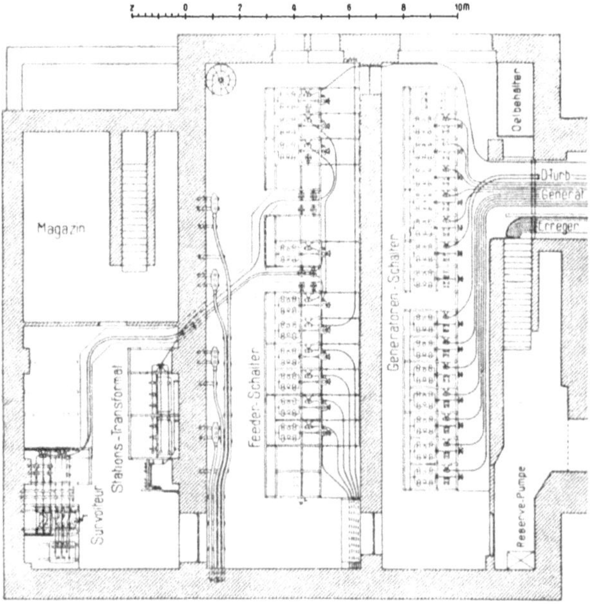

Fig. 19. Werkschaltanlage im Maschinenhaus. Schnitt durch den Keller in Fig. 18.

(Fig. 18 bis 22. Schaltanlage des Überlandwerkes Beznau von Brown Boveri & Cie. A.-G.).

und enthält die Überspannungs-Schutzapparate in Form von Kondensatoren. Die drei Räume im Keller sind ebenso wie die Wendeltreppe rauchdicht abgeschlossen. Die Generatoren-Schalter werden von den Maschinenpulten auf der Kommandostelle aus mittels Kettenantrieben, deren Wellen in Kugellagern laufen, durch Handrad betätigt, während die

Speiser-Schalter Druckknopfsteuerung und Magnetfernantrieb besitzen.

Die Energieübertragung vom Werk zur äußeren Schaltanlage (Fig. 21 und 22) besorgen vier Stück eisenarmierte, 80 cm tief in Sand gebettete Bleikabel von

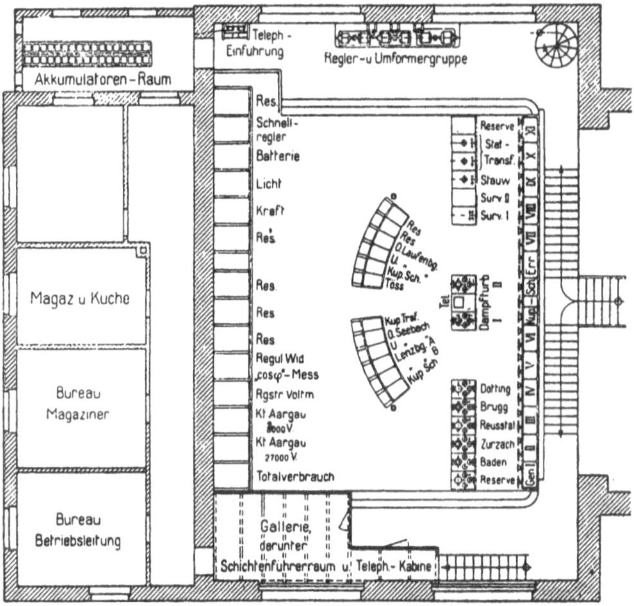

Fig. 20. Grundriß der Kommandostelle (im Maschinenhaus) Schnitt über dem 1. Stock in Fig. 18.

(Fig. 18 bis 22. Schaltanlage des Überlandwerkes Beznau von Brown Boveri & Cie. A.-G.).

je 3 × 250 mm² Querschnitt. Davon getrennt, mit Eisenbetonplatten abgedeckt, liegen die 31 mit nacktem Bleimantel ausgeführten Meß-, Signal- und Telephonkabel, ferner ein Gleichstromkabel für Fernsteuerung und Not-

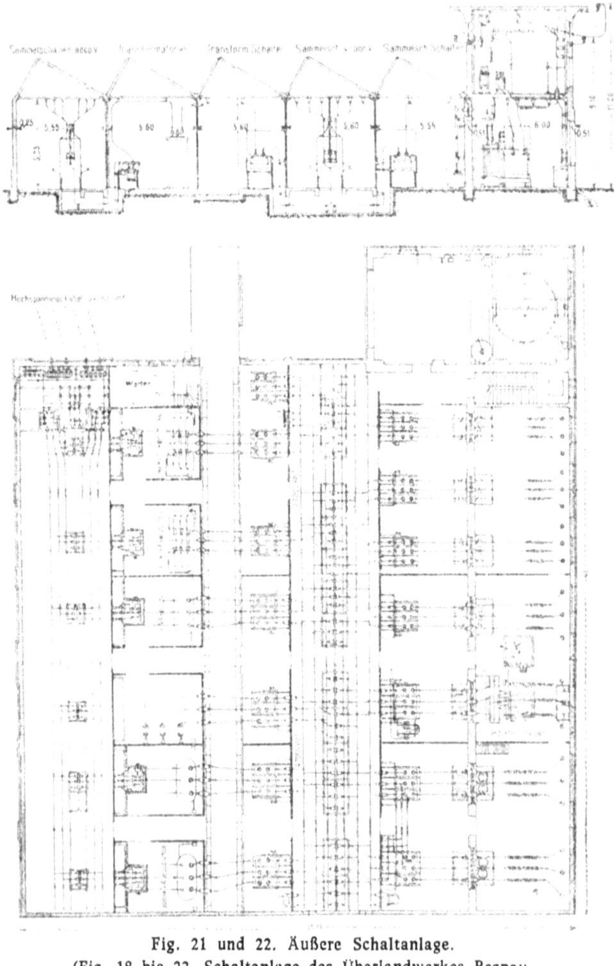

Fig. 21 und 22. Äußere Schaltanlage.
(Fig. 18 bis 22. Schaltanlage des Überlandwerkes Beznau von Brown Boveri & Cie. A.-G.).

beleuchtung sowie ein blanker, 8 mm starker Kupferdraht als Rückleitung der geerdeten Klemmen der Niederspannungswicklung der Stromwandler.

Der reichlich mit Oberlicht versehene und bequem erweiterungsfähige Shedbau (Fig. 21 und 22) ist mittels Riegelwänden aus Eisen und Zementsteinen sowie Abschlußtüren mit beiderseitiger Eternitverkleidung in Kammern unterteilt. Im Notfall kann an den Eingang jeder der sechs Transformatorenkammern ein fahrbares, mit Eternit verkleidetes Hängetor durch Anziehen einiger mit Kurbelgriff versehener Schrauben luftdicht angepreßt werden. Die Niederspannungskabel sind in abgedeckten betonierten Bodenkanälen verlegt, ebenso die Wasserleitung zur Kühlung der Transformatoren. Unter den an der Decke offen verlegten Sammelschienen verläuft eine vertikale Trennwand, an die die Zellen für die Abzweigungen und Trennschalter angebaut sind. Neben den Trennschaltern sitzen Glühlampen, die aufleuchten, wenn der zugehörige Ölschalter offen ist. Es läßt sich auch ein Gestänge derart vorsehen, daß zwangsläufig nach dem Ausschalten der Ölschalter die Trennmesser geöffnet werden. Jeder Ölschalter ist in eine eigene Ölkammer bis zur Höhe des Deckelrahmens eingeschlossen; vorn an der Zelle befindet sich eine schwere Explosionsklappe. Am Boden der Kammer sind Abzugsrohre angebracht, die abfließendes Öl in eine durchlässige Kiesschicht ableiten. Ein Herabfallen eines Ölkübels ist durch eine untergeschobene Eisenplatte verhindert. In alle Öl enthaltende Apparate sind Kontakt-Thermometer eingebaut, die auf einen Klappenschrank mit Alarmsignal im Wärterzimmer arbeiten, wo noch andere Signal- und Schaltapparate untergebracht sind. In einem an den Shed angefügten Anbau, aus dessen oberem Stockwerk die 27 000/47 000-V-Fernleitungen abgehen, stehen die Schutzdrosselspulen und darüber Kondensatoren als Überspannungs- und Blitzschutz.

Die zentrale Kommandostelle (Fig. 18 und 20) ist von der Treppe angefangen in folgender Weise gruppiert: Vorn stehen die Pulte für die Wasserturbogeneratoren und für die Kupplungsschalter zwischen den beiden Systemen von Sammelschienen sowie die Erregerpulte; in der zweiten Reihe in der Mitte die Pulte für die Dampfturbogeneratoren und dazwischen ein Telephon- und Schreibpult, links und rechts davon die 8000-V-Speiser-Pulte, von denen die rechtsliegenden für Zusetzer (Surv.), den Belastungswiderstand (Stauw.) und den Eigenbedarf bestimmt sind. Die im Kreisbogen aufgestellten Pulte mit Kastenaufsätzen dienen zur Steuerung der äußeren Schaltanlage im Shedbau, und zwar die linken Felder für die 27 000-V-Speiser und die rechten für die 47 000-V-Speiser; links sind noch Felder für die Kupplungsschalter zur Verbindung der verschiedenen Doppelsammelschienen und für einen Kupplungs-Drehtransformator, ähnlich wie in Schema Bd. I Fig. 9. Auf den schrägen Pultplatten ist das zugehörige Schaltschema in Form von Kopierschienen (Bd. I S. 72) erhaben aufgegossen, und auf ihm wird die jeweilge Stellung der Schalter und Trennmesser mittels kleiner Apparate selbsttätig angezeigt. Die Rückseite der Kommandostelle deckt eine lange lotrechte Flachschaltwand für die Hilfsdienste, die registrierenden Meßinstrumente und die Schnellregler.

e) Kommandoapparate, Lastverteiler Selbsttätige Schaltanlagen

Von größter Wichtigkeit in Großkraftwerken ist die einwandfreie Verständigung der Schalttafelwärter mit dem Maschinenraum, mit dem Kesselhaus, den Unterstationen und mit der Betriebsleitung. Ist die Bedienungstafel im Maschinenraum, so kann der Maschinenwärter durch optische Signale, die an der Schalttafel aufleuchten, oder durch Pfeifen oder Hupen darüber verständigt werden, ob eine Maschine schneller oder langsamer laufen soll, ob eine Maschine zu- oder abzuschalten ist. Besser ist es, Kommandoapparate nach Art der an Bord und in Gruben- und Hüttenbetrieben üblichen Fernzeiger und Signalapparate (Bd. I Fig. 53) mit Signalglocke und Rückmeldung einzubauen. Glühlampentableaux, dann Fallklappentableaux, wie sie in Gasthöfen üblich sind, eignen sich ebenfalls zur Übertragung von Befehlen und Signalen. Bei stark schwankender Belastung sind auch die Kesselwärter über die jeweilige Belastung zu verständigen; man stellt z. B. direktzeigende Dampfmesser oder Leistungszeiger im Kesselhaus auf. Die Verständigung durch den

Fernsprecher hat manche Nachteile, sicherer ist die handschriftliche Befehlserteilung durch Ferndrucker oder Fernschreiber (Telautographen), die in amerikanischen Schaltanlagen (Bd. I Fig. 39) üblich sind.

In großen elektrischen Anlagen, namentlich wenn mehrere Kraftwerke parallel betrieben werden, vertraut man die eigentliche Betriebsführung einer zentralen Betätigungs-Schaltanlage an, von wo der Lastverteiler (load dispatcher) an Hand eines großen Betriebsschaltbildes, eines Kopierschemas (einer Schauzeichenanlage) oder einer Glas-Schaltbildtafel mit Leuchtzeichen (Glimmlämpchen) zur Bezeichnung des Zustandes aller Schalter alle Befehle zum Ein- und Ausschalten mit Telephon oder Telautographen erteilt. Die Schalterstellungen können auf dem Kopierplan auch durch Drehzeichen (kleine Kopierschalter) angegeben sein. An diese Zentralstelle erfolgen auch alle Meldungen aus den Werken, Unterstationen und Netzen über Störungen und anziehende Gewitter, so daß in Notfällen gewisse Netzteile abgeschaltet oder einer einzigen Zentrale überlassen werden können. Für Ferntelephone sind vieladrige Erdkabel am betriebssichersten. (Siehe Abschnitt V 4.)

In steigendem Maße wird die Betätigung der Schaltanlagen der menschlichen Bedienung abgenommen. Elektrische Aufzüge und Pumpwerke arbeiten häufig ganz selbsttätig, ihre Tätigkeit wird durch einen Druckknopf, einen Schwimmer oder ein Kontaktmanometer eingeleitet. Auch Kraftwerke und Unterstationen werden selbsttätig bedient. Man baut heute zuverlässige Apparate, die die elektrischen Generatoren völlig selbsttätig im richtigen Augenblick parallel schalten. Vielfach werden Kraftwerke mit Leistungen bis zu 10000 kW, namentlich Wasserkraftanlagen, von einer Zentralstelle aus völlig selbsttätig und bedienungslos in genau richtiger Reihenfolge in und außer Betrieb gesetzt. Zahlreich sind bereits die Umformerstationen, die an Hand einer elektrischen Schaltuhr oder durch ein Überstromrelais oder von einer Zentralstelle aus selbsttätig ein- und ausgeschaltet werden, so daß trotz rotierender Maschinen alle Bedienung entfällt.

In Transformatorenstationen wird der durch Überstrom ausgelöste Ölschalter etwa nach 1 Minute selbsttätig wieder eingeschaltet, und nach 5 Minuten macht er einen zweiten Versuch zum Wiedereinschalten, wenn der erste nicht geglückt ist. Dadurch werden lange Unterbrechungen vermieden, da nach 1 Minute der Kurzschluß meist ausgebrannt oder sonst behoben ist. (Siehe Abschnitt V 4.)

II. Unterstationen. Hauptumspannwerke

Die Schaltanlagen in Unterstationen lassen sich in der Regel etwas einfacher ausgestalten als die der Kraftwerke, im wesentlichen gelten jedoch dieselben Grundsätze.

In langen Fernleitungen und Überlandnetzen werden vielfach sogenannte Schaltstationen erforderlich, in denen sowohl die Hauptleitungen wie die Abzweige ein- und ausgeschaltet werden können, siehe den Abzweig in Bd I, Fig. 10.

In industriellen Anlagen ist es vielfach möglich, die Unterstation zum Anschluß an ein Überlandnetz in ein vorhandenes Gebäude einzubauen, wobei streng in einen Hochspannungs- und Niederspannungsraum zu trennen ist. Der vom Elektrizitätswerk unter Verschluß gehaltene Hochspannungsraum enthält den hochgespannten Freileitungs- oder Kabelanschluß, die Transformatoren, die Hochspannungsölschalter und Meßwandler für die Zähler. Die Handräder oder Schaltkurbeln der Hochspannungsölschalter sitzen zwecks Bedienung im Niederspannungsraum. An die Niederspannungs-Schalttafel sind die Niederspannungsseiten der Transformatoren und die verschiedenen Verteilleitungen über Schalter und Sicherungen oder über Selbstschalter angeschlossen. Auch die Zähler sitzen im Niederspannungsraum.

Am billigsten werden für den Anschluß kleinerer Ortsnetze die im Freien aufgestellten Maststationen, die im nächsten Kapitel behandelt sind.

Selbständige Transformatorenstationen mit mehr als 20 000 V Oberspannung und mit über 20 kVA Leistung bringt man in Wellblechhäusern, in Blechtürmen oder in gemauerten Häusern (Fig. 23 bis 27)[2]) oder Türmen unter, deren Außenseite man dem Landschaftsbild anpassen kann. Die kleinsten Maße einer gemauerten Netzstation sind etwa 1,6 × 1,6 m im Lichten. In dem Untergeschoß solcher gemauerten Schalt- und Transformatorenstationen werden die Öltransformatoren *Tr*, Ölschalter *Ö*, Stromwandler *SW*, Trennmesser *Ts* und Hochspannungssicherungen *Si* untergebracht; über einer Zwischendecke, die mit einer Steigleiter *L* zu erreichen ist, sind Trennschalter *Ts*, der Überspannungsschutz (Campos-Drosselspulen *C*, Hörner *Hö* mit Vorschaltwiderständen *W* in Tonröhren) und darüber oder daneben die Freileitungs-Einführungen *H* und N_1 bis N_3 angeordnet. In Fig. 24 erfolgt eine Abzweigung mit Hilfe eines Erdkabels *K*. Zu ebener Erde ist in der Regel auch die Niederspannungsschattafel *S* (Fig. 27) aufgestellt. Erhöht angeordnete Schalter lassen sich mit Seil- oder Kettenzug *G* bedienen. Solche Transformatorenstationen dürfen nur berufenem Bedienungspersonal zugänglich sein. Die Handräder oder Griffe der Hauptschalter können an die Außenwand geführt werden, so daß man sie von *Ö* (Fig. 26) bedienen kann, wobei aber durch geeignete Verriegelung eine mißbräuchliche Betätigung ausgeschlossen sein soll. Große und wichtige Transformatorenstationen werden baulich und bezüglich der Schaltanlage ähnlich wie die Kraftwerke durchgebildet.

Innerhalb größerer Städte bringt man die Transformatoren- und Schaltstationen im Anschluß an das übliche Kabelnetz oberirdisch in rechteckigen eisernen Kästen oder runden zylindrischen Blechsäulen, die auch als Plakatsäulen verwendbar sind, unter, oder aber man verlegt sie in Gruben unter den Straßenboden etwa wie die früher beschriebenen Kabelkästen (Bd. I Fig. 66 und 67). Bei größeren Ausführungen werden diese unterirdischen Schalträume mit Hilfe einer Eisenleiter oder Treppe begehbar gemacht.

---

[2]) Fig. 23 bis 27 stellt eine während des Krieges von der A. E. G.-Union Wien gebaute Transformatorenstation für das Drauwerk Graz-Marburg dar. Die einzelnen Fig. 23 bis 27 sind in verschiedenem Maßstab verkleinert worden.

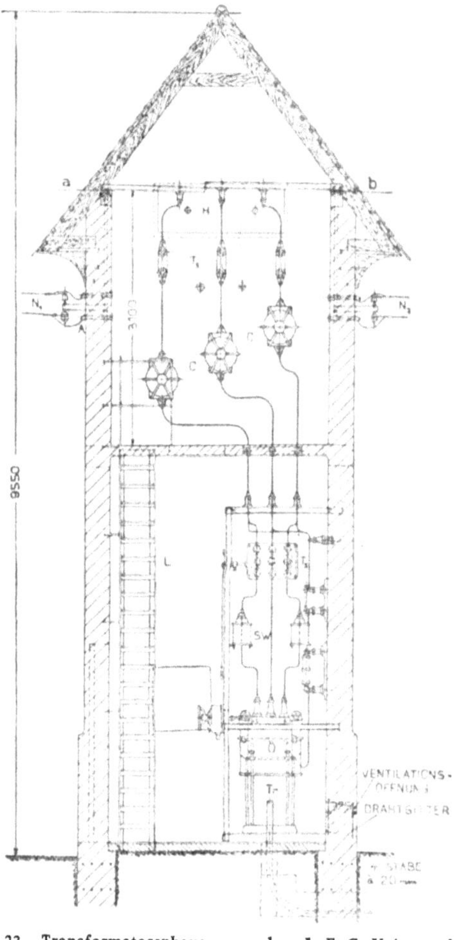

Fig. 23. Transformatorenhaus von der A. E. G.-Union gebaut. Hochspannungsseite.

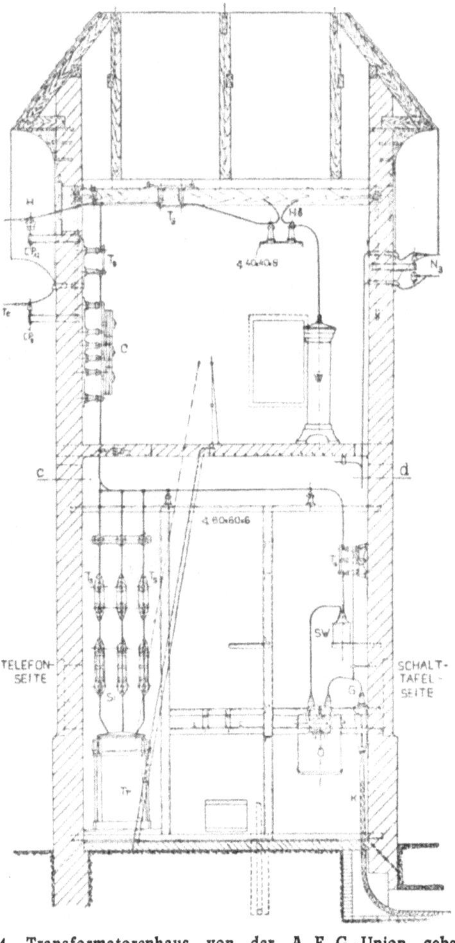

Fig. 24. Transformatorenhaus von der A. E. G.-Union gebaut. Hochspannungsseite.

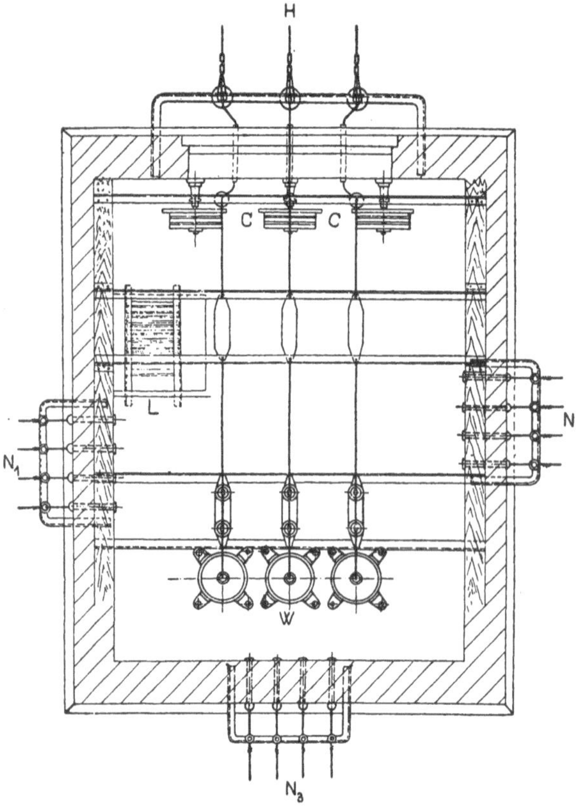

Fig. 25. Transformatorenhaus von der A. E. G.-Union gebaut.

Die Haupt-Umspannwerke der großen Überlandnetze enthalten immer umfangreiche Schaltanlagen, die gleichzeitig als Schaltstationen dienen: Fig. 28 und 29 zeigt das vom Sachsenwerk gebaute Umspannwerk Silberstraß in Sachsen für 100 000 und 30 000 V; das Schalthaus ist dadurch sehr licht geworden, daß über dem Bedienungsgang die Decke ausgebrochen ist und von oben Licht hereinfluten kann. Der U-förmige Kommando- oder Betätigungsraum sitzt am Ende des langen Gebäudes. Im übrigen haben die einzelnen in Fig. 28 und 29 eingeschriebenen Zahlen folgende Bedeutung:

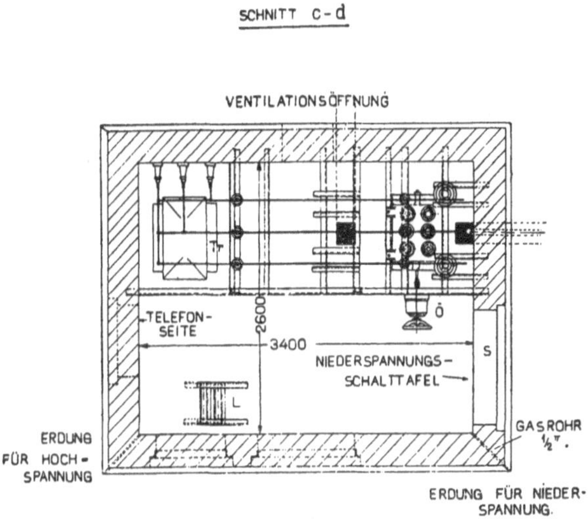

Fig. 26. Transformatorenhaus von der A. E. G.-Union gebaut.

1 30 kV-Ölschalter für Freileitungen Schwarzenberg I und II
2 100 kV-Überspannungsschutz
3 30 kV-Ölschalter für Freileitungen Herlasgrün I und II
4 100 kV-Ölschalter für Hauptumspanner I
5 30 kV-Ölschalter für Hauptumspanner I und II
6 100 kV-Ölschalter für Hauptumspanner II
7 30 kV-Ölschalter für Freileitungen Industrie I, II und III
8 100 kV-Kuppelschalter

9 30 kV-Überspannungsschutz
10 100 kV-Ölschalter für Freileitung Herlasgrün I
11 Stationsumspanner I und II
12 100 kV-Ölschalter für Freileitung Herlasgrün II
13 Spannungswandler I und II
14 100 kV-Ölschalter für Freileitung Chemnitz-Süd I
15 30 kV-Ölschalter für Kabel; Erdungsdrossel
16 100 kV-Ölschalter für Freileitung Chemnitz-Süd II
17 30 kV-Ölschalter für Freileitung Wildenfels I
18 30 kV-Ölschalter für Freileitung Wildenfels II
19 Umformer
20 Kühlschlange
21 Kühlschlange
22 Hauptumspanner I
23 Hauptumspanner II
24 Kühlwasserpumpe
25 Zusatzumspanner I
26 Zusatzumspanner II
27 Kühlwasserpumpe

Aus Fig. 30 (Z. d. V. D. I. 1925, S. 583) ist das von Brown Boveri und Cie. gebaute Umspannwerk Würzburg des Bayernwerkes ebenfalls für 110 000 V ersichtlich, wobei die Ölschalter in den Boden versenkt eingebaut sind. Sonst bedeuten die Zahlen folgendes:

a) Freileitungseinführung,
b) Freileitungs-Trennschalter mit Erdungs-Trennschalter,
c) versenkte Ölschalter mit Entlüftungsrohr, Nennspannung 110 kV, Prüfspannung 250 kV, Schaltleistung pro Gruppe 1,5 Millionen kVA,
d) Fernantriebsschränke,
e) Sammelschienen-Trennschalter,
f) Hängende Sammelschienen,
g) Drosselspule,
h) Wanddurchführung,
i) Transformator 6000 kVA, 110/20 kV,
k) Ölpumpe,
l) Ölkühler,
m) Ölsammelrohr.

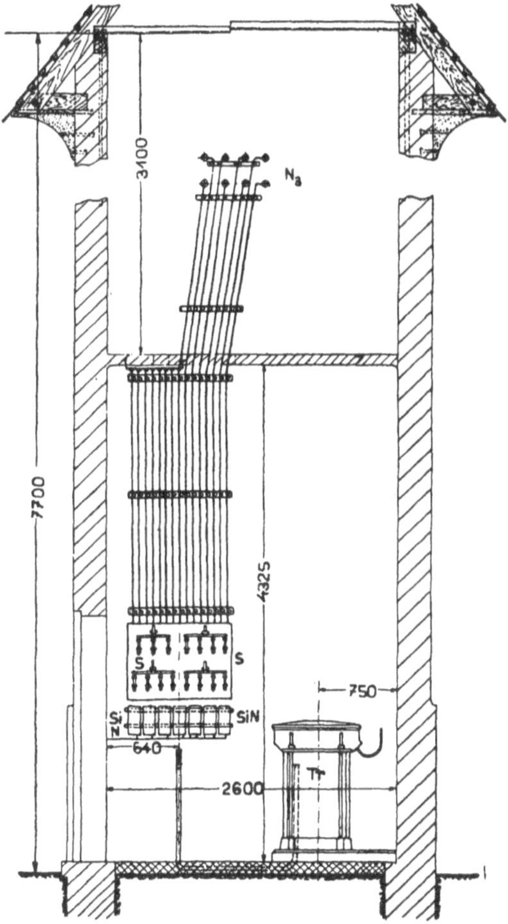

Fig. 27. Transformatorenhaus von der A. E. G.-Union gebaut. Niederspannungsseite.

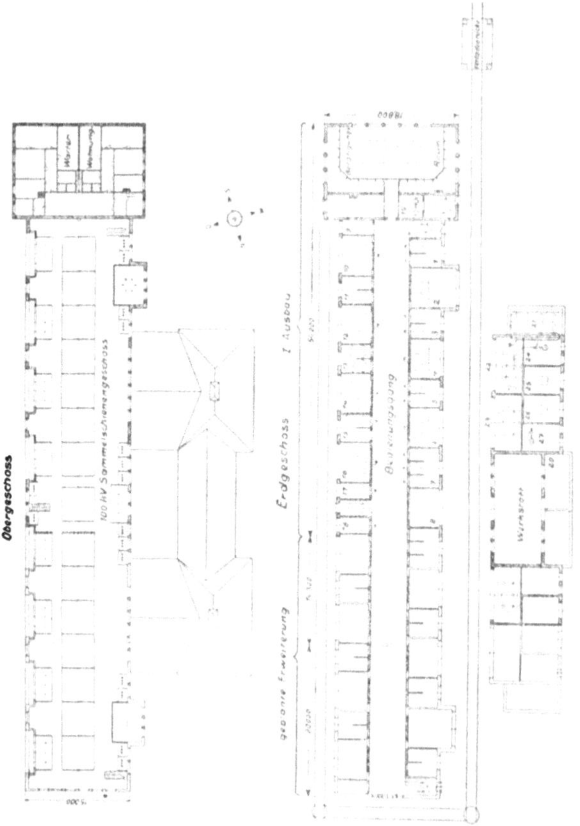

Fig. 28. Umspannwerk Silberstraß.

Fig. 30 ist ein Hallenbau. Selbsttätige Unterstationen siehe Abschnitt I e, S. 35.

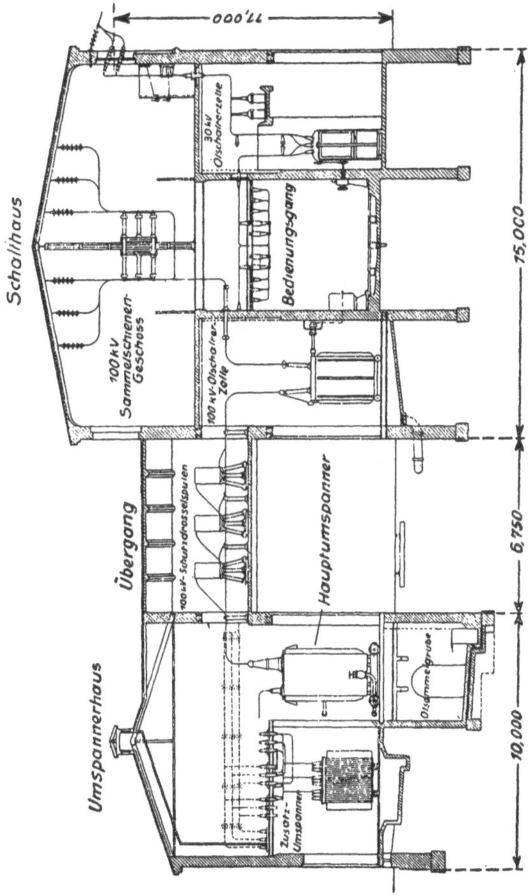

Fig. 29. Umspannwerk Silberstraß.

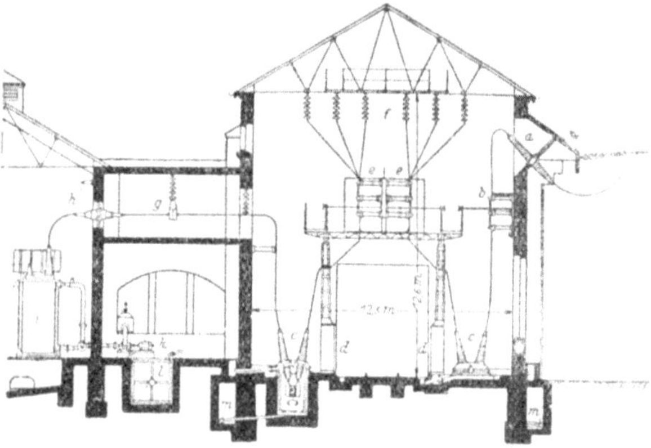

Fig. 30. Umspannwerk Würzburg.

III. Schaltanlagen im Freien

a) Mastschalter. Mastabzweige

Der Anschluß kleiner Anlagen und landwirtschaftlicher Betriebe erfolgt häufig aus Preisrücksichten einfach mittels eines an einem hölzernen oder eisernen Leitungsmast sitzenden Mastschalters (Fig. 31), der als Hebelschnappschalter oder Hörnerschalter, selten als Ölschalter ausgebildet ist. Im einfachsten Fall wird er mit einer geerdeten Schaltstange (siehe später Fig. 44) von unten bedient. Meist wird der Mastschalter jedoch durch ein Gasrohr-Gestänge oder eine Zahnstange oder einen Seiltrieb mit Hilfe eines verriegelten oder mit Vorhängeschloß festgelegten Handgriffes, einer Hebelwinde oder mittels einer abnehmbaren Kurbel einer Trommelwinde ein- und ausgeschaltet, wobei die Antriebsorgane zu erden sind. Mastschalter werden vielfach als Trennschalter in Hochspannungsnetze eingebaut, auch wasserdichte Schaltkästen verschiedenster Art werden im Freien aufgestellt. Auch

Blitzschutzapparate werden an Masten im Freien befestigt, was aber nicht allgemein als einwandfrei gelten kann. Der Freileitungsabzweig Fig. 32 an einem Mast erfolgt von einem Abspannisolator, an dem mit Hilfe einer Schelle eine mit Regendach versehene Freileitungsstöpselsicherung befestigt ist. Der Sicherungs-Isolator läßt sich leicht mit dem Abspannisolator zu einem Stück vereinigen. Bei vielen Abzweigungen läßt man um den Mast nach Fig. 32a Sammelschienenringe *R* und darunter einen kräftigen Ring mit Abspannisolatoren und Abzweigsicherungen verlaufen.

b) Maststationen

Unter einer Maststation[3]) versteht man gewöhnlich eine Transformatorenstation, die in Überlandnetzen die Oberspannung von 3000 bis 150 000 V (30 000 V) auf die Gebrauchsspannung des anzuschließenden Ortsnetzes herabsetzt und entweder direkt von der Hochspannungsleitung abgezweigt wird oder am Ende einer Stichleitung sitzt. Die Leistung einer solchen Netzstation bleibt möglichst auf 20 kVA beschränkt. Kleine Transformatoren werden samt dem Schaltzubehör an hölzernen Querbalken oder eisernen Querschienen eines einzelnen Holzmastes aufgehängt, in der Regel sitzt jedoch die Maststation an einer Reihe von U-Eisen-Querträgern zwischen zwei etwa 1 bis 2 m entfernten Holzmasten (Fig. 33 der Bergmann-Elektrizitätswerke) oder zwischen zwei Λ-förmig gestellten Doppel-Holzmasten oder zwischen eisernen Rohrmasten. Der Transformator wird mit Flaschenzügen, die in die Haken *H* eingehängt werden, heraufgezogen und herabgelassen. Quer vor der Schaltstation läuft eine Bedienungsbrücke *P* mit Schutzgeländer, die mit einer Leiter oder mit Steigbügeln zu erreichen ist. Oben über die Maste läuft die Hochspannungs-Freileitung *F*, von der mittels Trennschalters *U* über Schutzdrosselspulen *D* und Sicherungen im dichten Kasten *K* der Öltransformator *T* abgezweigt ist. Zur gefahrlosen Auswechslung der Sicherungen, die allerdings auch ganz wegbleiben können, läßt sich der mit Schalt-

---

[3]) Siehe W. Klingenberg, E. T. Z. 1913, S. 741.

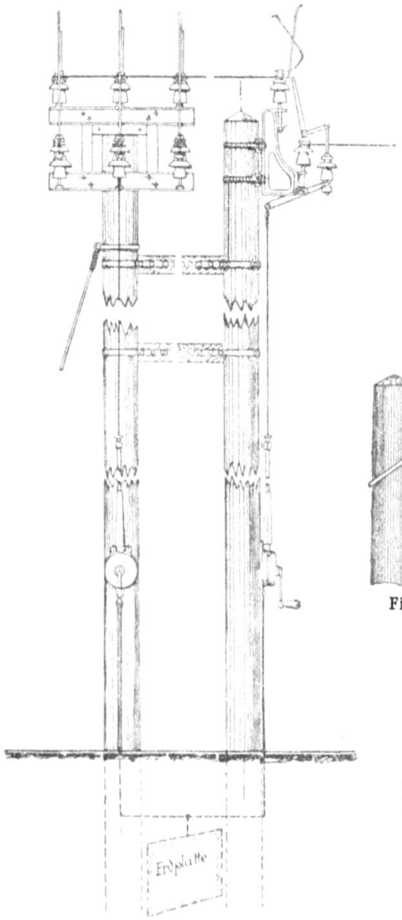

Fig. 31. Mastschalter der Hörnertype.

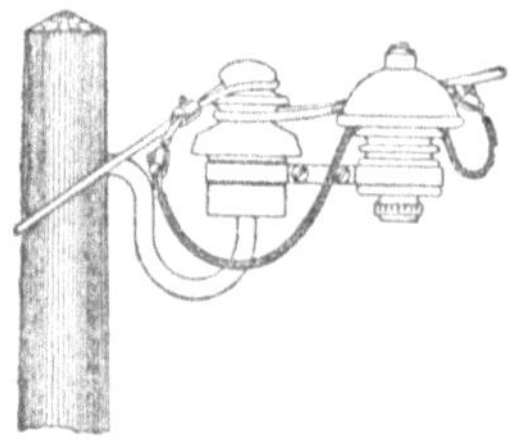

Fig. 32. Freileitungsabzweig am Mast (S. S. W.).

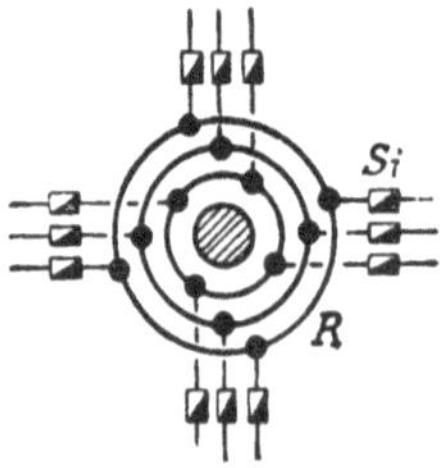

Fig. 32a. Sammelringe und Abzweige am Mast.

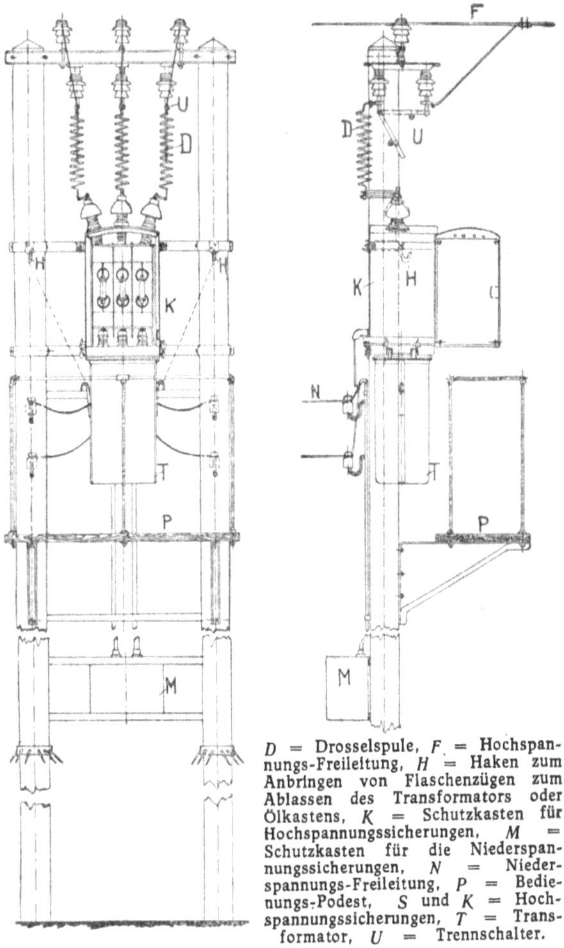

D = Drosselspule, F = Hochspannungs-Freileitung, H = Haken zum Anbringen von Flaschenzügen zum Ablassen des Transformators oder Ölkastens, K = Schutzkasten für Hochspannungssicherungen, M = Schutzkasten für die Niederspannungssicherungen, N = Niederspannungs-Freileitung, P = Bedienungs-Podest, S und K = Hochspannungssicherungen, T = Transformator, U = Trennschalter.

Fig. 33. Maststation (Stangentransformator) der Bergmann-E.-W.

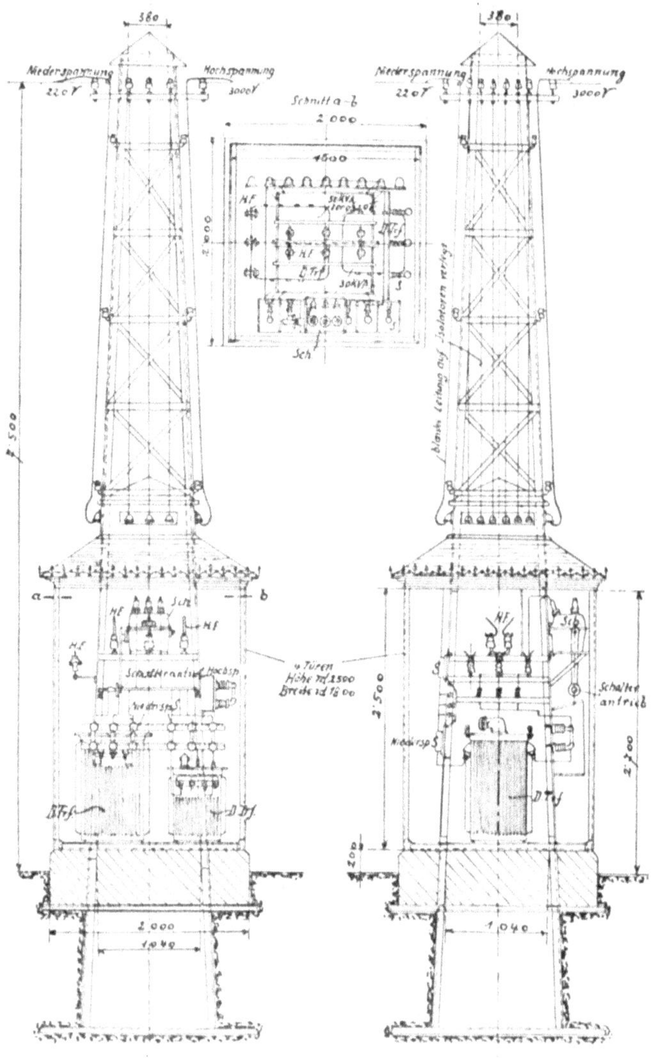

Fig. 34. In einem Gittermast eingebautes Transformatoren-Schaltwerk nach Kyser, Elektrische Kraftübertragung.

stange bediente Trennschalter *U* als Umschalter ausbilden, so daß er in der öffenen Stellung die ganze Schaltstation erdet. Das Abschalten und Erden der Maststation kann auch am vorhergehenden Mast mit einem von unten be-

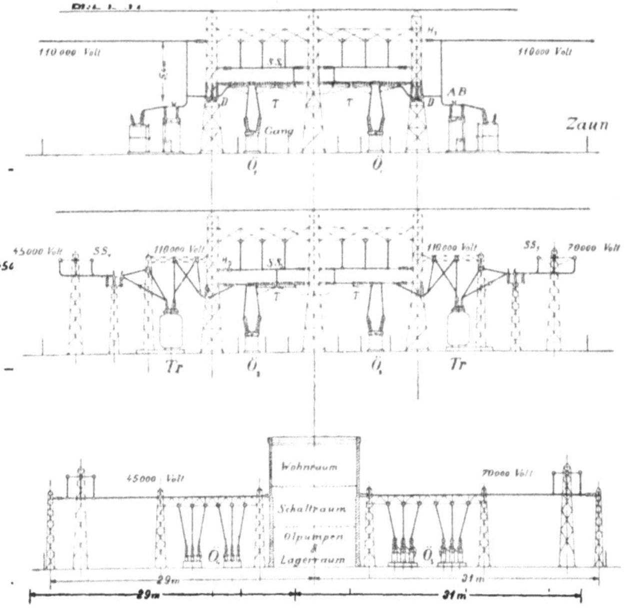

Fig. 35 a bis 35 c. Amerikanisches Freiluftwerk für 110 000 Volt.

tätigten Mastschalter und einem Erdungskurzschließer, die sich vereinigen lassen, bewerkstelligt werden. Für die Hochspannung kommen Hörnersicherungen und Röhrensicherungen (lange Patronen in Porzellan) in Frage; verwendet man abschaltbare Griffsicherungen, so können sie gleichzeitig die Trennschalter ersetzen. Es gibt Sicherungskästen, die so eingerichtet sind, daß beim Öffnen des Deckels zur gefahrlosen Auswechslung die Sicherungen sich ausschalten. Vereinzelt werden die Hochspannungssicherungen und wohl auch die Drosselspulen in den Öltransformator oder in seine Porzellaneinführungen eingebaut, was aber nicht ratsam ist. Die tiefliegende Unterspannungsleitung *N* schützen abgedeckte Stöpselsicherungen, ferner Spannungs- oder Durchschlagssicherungen gegen Übertritt der Hochspannung und ein einfacher Blitzableiter, alles im eisernen Schutzkasten *M*. Alle Einrichtungen einer Maststation müssen wetterfest und wasserdicht abgekapselt sein. In einen Gittermast oder, genauer gesagt, in einen geräumigen Eisengerüstturm läßt sich in der mit einer eisernen Steigleiter und Bedienungsgang erreichbaren Spitze oder am Fußboden (Fig. 34) ein 2 bis 3 m hoher wasserdicht verschlossener Blechkasten zur Aufnahme des Transformators und der Schaltapparate einbauen. Für Hoch- und Niederspannung können auch getrennte Blech- oder Schaltkästen vorgesehen werden.

Baut man die Netzstation als Innenwerk, bringt man sie also in einem gemauerten Haus oder Turm oder in einem Wellblechhäuschen oder Blechturm unter, so gleicht der Minderpreis der normalen Apparate an Stelle wasserdichter Konstruktionen die Gebäudekosten fast wieder aus.

c) Freiluftwerke

In Amerika ging man mit der Ausbildung von Freiluftwerken, d. h. von Schaltanlagen im Freien schon früher wesentlich weiter als in Europa. Auf dem hochgelegenen Boden eines Mastgerüstes sieht man drüben nicht nur einen, sondern auch mehrere Transformatoren beträchtlicher Leistung aufgestellt. Gerade für die höchsten Spannungen von über 60 000 V und große Leistungen von vielen Tausenden von kVA bauen die Amerikaner vielfach reine Freiluftwerke[4]) oder Außenwerke, deren gesamte Schalteinrichtungen und Transformatoren bis auf die Bedienungsschaltbühne und die Reparaturwerkstätte im Freien angeordnet sind. Von manchen amerikanischen Ingenieuren

[4]) E. T. Z. 1914 S. 782, 821.

werden allerdings die Halbaußenwerke, also ein Zwischending zwischen Außenwerk und Innenwerk (Ge-

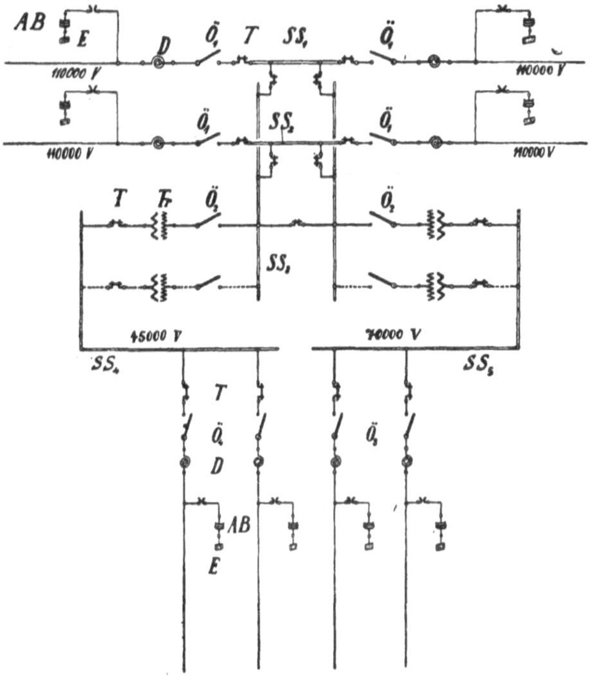

Fig. 36. Amerikanisches Freiluftwerk. Einpoliges Schema für Drehstrom. Zu Fig. 35 a bis 35 c.

bäudestation), wegen ihrer höheren Betriebssicherheit vorgezogen; sie sind so entworfen, daß die Hochspannungsölschalter und zugehörigen Trennschalter in ganz einfachen Schutzhäusern z. B. aus Wellblech abgedeckt stehen, während alle übrigen Einrichtungen wie im Freiluftwerk draußen aufgestellt werden. Das mit einem Drahtzaun umfriedigte Außen- und Halbaußenwerk braucht etwa die doppelte Grundfläche wie ein Innenwerk gleicher Leistung, ist jedoch einige Prozente billiger. Als Gerippe eines Außenwerkes, das als Transformatorendurchgangs- und -abzweigstation zur Umwandlung von 110 000 auf 70 000 und 45 000 V in 2 × 6 Transformatoren dient, erkennen wir in Fig. 35 a—c, zu denen das Schaltbild 36 gehört, ein umfangreiches eisernes Brückenfachwerk, das auf hohen Gittermasten aufgebaut ist. Zwischen den Fachwerksträgern sind an siebengliedrigen Hängeisolatoren H_7 die Sammelschienen SS_1 und SS_2 für 110 000 V gespannt. Auf dem Boden stehende Ölschalter $Ö_1$ und $Ö_2$ und unter den Sammelschienen hängende Trennschalter T vermitteln sowohl den Anschluß der ankommenden wie der weitergehenden 110 000-V-Leitung, die durch elektrolytische Aluminiumblitzableiter AB mit Hörnerfunkenstrecke und Formierungsschalter sowie durch Drosselspulen D geschützt sind, als auch den Anschluß der an beiden Längsseiten aufgestellten Transformatoren Tr an die Sammelschienen. Vor jeder der beiden Ölschaltergruppen läuft ein abgezäunter Gang. Die Sammelschienen SS_4 und SS_5 für 70 000 und 45 000 V sind vor der Unterspannungsseite der Transformatoren zwischen Gittermasten verlegt und biegen dann rechtwinklig gegen das Bedienungsschalthaus um. Die Abzweigung der beiden Fernleitungsgruppen von 70 000 und 45 000 V, die wieder durch Aluminiumblitzableiter geschützt sind, erfolgt rechtwinklig zur 110 000-V-Leitung mittels am Boden stehender Ölschalter $Ö_3$ und $Ö_4$. Um die ganze Schaltanlage läuft ein Bahngleis, das den Transport ausbesserungsbedürftiger Apparate in die im Bedienungshaus gelegene Flickwerkstätte erleichtert. Außer dem Bedienungsschaltraum sind in dem gemauerten Haus noch Pumpen- und Vorratsräume sowie Wohnräume untergebracht. Siehe auch Abschnitt V 2 und Fig. 50 und 51.

d) Fahrbare Stationen

Fahrbare Schalt- und Transformatorenstationen werden in landwirtschaftlichen Betrieben zum Pflügen und Dreschen auf dem Felde, dann für vorübergehende Beleuchtungsanlagen, z. B. bei Neubauten, im Anschluß an Überlandnetze, erforderlich. In einem Blechkasten des Transformatoren-

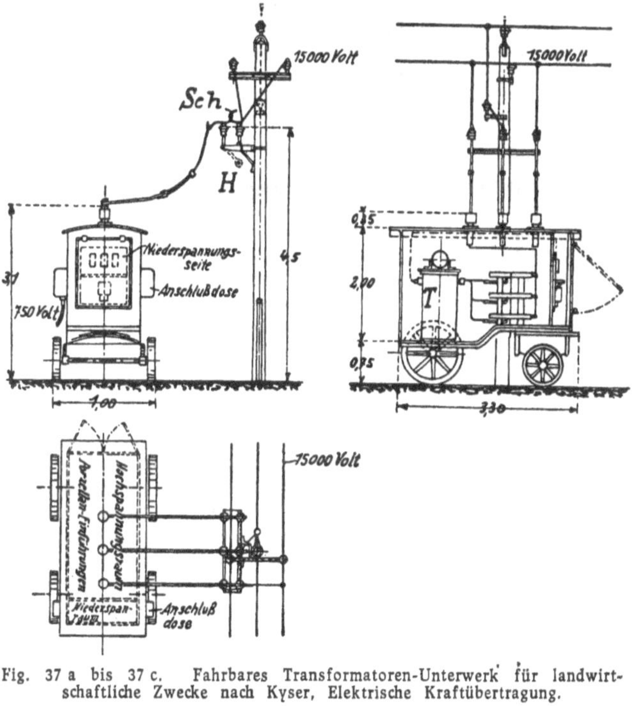

Fig. 37 a bis 37 c. Fahrbares Transformatoren-Unterwerk für landwirtschaftliche Zwecke nach Kyser, Elektrische Kraftübertragung.

wagens Fig. 37 a bis c der S.S.W. steht hinten der Öltransformator *T*; die Hochspannung tritt in Porzellaneinführungen durch das Wagendach in das Innere des Wagens. Die lose vom Wagen wegführenden Hochspannungsleitungen werden in die an einem Leitungsmast angebrachten Metallhaken eingehängt, die ein durch den Haken *H* mit Schaltstange zu bedienender Mastschalter *Sch* mit der Hochspannungsfernleitung verbindet. Die Niederspannungsseite ist scharf von der Hochspannung getrennt. Transformatoren- und Umformerwagen mit eingebauter Schaltanlage finden zur Prüfung von Leitungsnetzen und dann zur Speisung von Bahnnetzen Anwendung. Im letzten Fall ist die ganze Unterstation in einen Eisenbahnwagen eingebaut.

IV. Schutzvorrichtungen

a) Selbstschalter, Überspannungsschutz

Da heute zur Verminderung der zerstörenden Wirkung von Kurzschlüssen alle Generatoren und die meisten Transformatoren mit hoher Eigenreaktanz bzw. hoher Ankerrückwirkung gebaut werden, müssen die Generatoren stets mit elektrischen Spannungs-Schnellreglern versehen werden, welche die Generatorspannung bei jeder Belastungsänderung konstant halten. In die Speiseleitungen legt man zum gleichen Zwecke selbsttätig wirkende Drehtransformatoren, die den Leitungsabfall kompensieren; das gleiche erreicht man mit Transformatoren, an denen selbsttätig Spulen ab- und zugeschaltet werden.

Der Abschalte-Lichtbogen von Ölschaltern zersetzt und vergast einen Teil des Öles; die entstehende Gasblase kann sich zu einem Gaskolben erweitern und den Deckel hinausdrücken oder sonst den Ölkessel zur Explosion bringen. Am schlimmsten sind sogenannte Stehlichtbögen. Es gibt heute Ölschalter, die Kurzschlußleistungen bis 1 500 000 kVA anstandslos unterbrechen: es wird die Schaltarbeit, die dem Abschaltestrom, der Abschaltespannung und der eigentlichen Abschaltezeit proportional ist, soweit als möglich herabgesetzt, die Schaltgeschwindigkeit erhöht, der Öffnungsweg durch Vielfachunterbrechung vergrößert. Außerdem baut man die Kessel druckfest und sieht um die Kontakte Löschkammern vor. Außerhalb des Öles liegende Löschwiderstände sind vorteilhaft, und ein Auswurfsrohr dient zur Abfuhr herausgeschleuderten Öles. Siehe auch Abschnitt V 1.

Da Schmelzsicherungen an Hauptschaltanlagen möglichst zu vermeiden oder auf Hilfs- und Nebenstromkreise zu beschränken sind, hat man die Schalter entsprechend ihrem Verwendungszweck mit Schutz-Auslösespulen oder Schutz-Relais auszurüsten. Im wesentlichen handelt es sich um Auslösevorrichtungen, die bei Überstrom oder Maximalstrom und Kurzschluß, bei Nullstrom oder Minimalstrom, bei Spannungsrückgang oder Nullspannung, und um solche, die bei Rückstrom und bei Erdschluß, überhaupt bei Fehlerstrom selbsttätig ausschalten. Diese Selbstschalter besitzen vielfach zwischen dem Betätigungsgriff oder -rad und dem eigentlichen Schalter eine Freiauslösung, also eine Freilaufkupplung, die ein Wiedereinschalten so lange verhindert, als die Ursache der Störung weiterbesteht, dadurch, daß die Auslösespule die Verbindung zwischen Schalter und Antriebsmechanismus löst. Sobald die Freiauslösung des Schalters in Tätigkeit tritt, kann man einen Kontakt schließen lassen, der ein Warnsignal zum Ertönen bringt. In den meisten Anlagen sucht man eine Betriebsunterbrechung infolge des Abschaltens von Speise- und Generatorleitungen mit allen Mitteln zu bekämpfen. Man benutzt deshalb die Schutzrelais der wichtigsten Schalter manchenorts überhaupt nicht zur Schalterauslösung, sondern nur zur Betätigung optischer oder anderer Warnsignale, oder man versieht die Auslöseeinrichtungen mit Zeitrelais (Zeitwerken), die erst einige Sekunden nach Eintritt der Störung abschalten und die nach ihrer Auslösezeit abgestuft (Selektorrelais) sind, derart, daß die in der Nähe der Fehler- oder Störungsquelle liegenden Schalter zuerst ausschalten, z. B. schon 1 bis 2 Sekunden nach Eintritt der Störung, dagegen die Generatorschalter erst nach 4 bis 6 Sekunden. Es ist z. B. eine Reihenschaltung von sechs zeitlich abgestuften Relais möglich (Bd. I, Fig. 10: $\ddot{U}B_1$ bis $\ddot{U}B_4$).

Die Aufgabe dieser Relais-Praxis ist es, bei vorübergehenden Störungen das Außertrittfallen von Synchronmaschinen zu verhindern und durch Vermittlung wahlweise wirkender Relais die fehlerhaften Stromkreisteile auszuschalten, ohne die gesunden Teile in Mitleidenschaft zu ziehen[5]). Die erste Hauptgruppe, die Überstrom-Zeitrelais, sollen vor allem mehr oder weniger vollkommene Kurzschlüsse bewältigen; sie haben entweder eine von der Stromstärke unabhängige (Definitiv-Zeitrelais) oder eine von der Stromstärke abhängige Zeiteinstellung (Invert-Zeitrelais), d. h. diese schalten um so rascher aus, je größer der Überstrom ist. Vielfach verbindet man sie noch mit einer Schnellauslösung, die bei besonders starkem Überstrom (Kurzschluß) augenblicklich ausschaltet. Die zweite Hauptgruppe, die Fehlerstrom-Relais, sollen z. B. bei Leitungserdschluß in Wirksamkeit treten, sie werden als Differenzstrom-Relais oder als Distanz-Relais je mit oder ohne Zeitelement, also mit vom Strom unabhängiger Zeiteinstellung oder mit Schnellauslösung ausgebildet. Das Differenzstromrelais hat beispielsweise für eine Speiseleitung zwei Spulen, die eine wird vom Strom am Leitungsanfang, die andere vom Strom am Leitungsende erregt; sobald diese zwei Ströme wesentlich verschieden sind, schaltet es aus. Stromvergleich-Relais werden an die gleichnamigen Phasen zweier paralleler Speiseleitungen zur Vermeidung unrichtiger Stromverteilung angeschlossen. Drahtbruchrelais schalten wegen der Möglichkeit von Überspannungen und der Gefährdung von Mensch und Gut bei Drahtbruch das entsprechende Leitungsstück ab. Der selbsttätige Erdungsschutzschalter[6]) wirkt beim Auftreten eines Erdschlusses, der sich in Form eines Lichtbogens an einem Leitungsisolator einstellt, derart, daß er die betreffende Leitung kurzzeitig unmittelbar erdet, die Erdung jedoch sofort wieder löst, wenn der Erdungslichtbogen erloschen ist (Band I, Fig. 10). Phasenumkehr-Relais sollen das Verkehrtlaufen von Motoren verhindern; Dreileiter-Relais wirken, wenn die zwei Zweigspannungen einer Dreileiteranlage stark voneinander abweichen.

---

[5]) E. Heußer in E. K. B. 1916, S. 181.
[6]) E. T. Z. 1916, Heft 14/15.

Zum Schutz von Stromverbrauchern eignen sich Überstrom-Relais mit vom Strom abhängiger Zeiteinstellung vereinigt mit einer Spannungsrückgangs-Auslösung, für Generatoren Rückstrom- oder Differenzstrom-Relais, in manchen Fällen Überstrom-Relais zur Betätigung eines Warnsignals, für Transformatoren, Differenzstrom-Relais ohne Zeitwerk sowie Temperatur-Relais mit Warnsignal (Band I, Fig. 10). Das Überstrom-Relais eines Generators wird zweckmäßig an den Generator angebaut, es soll zuerst die Erregung abschalten und dann erst den Hauptschalter öffnen, dann kann ein Rückstrom-Relais entfallen (Anordnung der Brown Boveri und Cie. A.-G.).

In Amerika sind Drosselspulen hinter den Generatoren und zwischen den einzelnen Abschnitten von Sammelschienen zur Herabsetzung der Kurzschlußströme verbreitet. In Europa werden die Generatoren mit Kurzschlußreglern versehen, die mit dem bekannten Spannungs-Schnellregler verbunden sind und bei Überstrom den Erregerstrom so weit herabdrücken, daß der Kurzschlußstrom den normalen Vollaststrom nicht nennenswert überschreitet; nach Aufhören der Fehlerursache wird die Erregung von selbst wieder erhöht. Die Stromwandler, die den Kurzschlußregler beeinflussen, liegen im Nullpunkt des Generators und werden meist mit 3 anderen zu einem Differentialschutz, der bei Windungsschluß ausschaltet, vereinigt. Derselbe Differentialschutz findet sich auch bei Transformatoren, die sehr wirksam durch den Buchholz-Schutz geschützt werden: die durch einen Überschlag im Öl des Transformators erzeugten Gasblasen werden in ein Gefäß geleitet, wo sie einen Schwimmer betätigen und damit ein Schaltrelais schließen.

Störungen und Fehler in einem Drehstrom-Generator oder -Transformator lassen sich meist dadurch erkennen, daß man parallel einen einspuligen oder einen sekundär kurzgeschlossenen Hilfstransformator schaltet. Die Sternpunkte des Hilfstransformators und des Generators bzw. Haupttransformators verbindet man über ein Signal- oder Schalt-Relais (Stützdrossel).

Ist ein Drehstromgenerator auf einen Transformator geschaltet, so dient ein Relais, das man in die Verbindung der Sternpunkte von Generator und Transformator legt, ebenfalls zur Anzeige von Windungsschluß und anderen Fehlern.

Der Sammelschienenschutz besteht aus einem Relais, das die Summe aller zu- und abfließenden Ströme mißt und reagiert, sobald diese Summe nicht mehr Null ist.

Für Leitungen ist der Differentialschutz allgemein anwendbar, für Radialspeiser auch selektiv wirkende Überstromrelais mit unabhängiger Zeiteinstellung, für Parallelspeiser Überstromrelais mit unabhängiger Zeiteinstellung oder Stromvergleichsrelais oder Rückstromrelais am Empfangsende, für Ringleitungen Differentialschutz oder wahlweise wirkende Überstrom- und Rückstromrelais je mit unabhängiger Zeiteinstellung.

Da die Überlandnetze immer ausgedehnter werden, wird die Forderung, daß die Schutzrelais jeweils immer nur den kranken Netzteil ausschalten, das übrige gesunde Netz unberührt lassen (Selektivschutz), immer wichtiger. Zu diesem Zwecke werden an allen Schaltstellen im Netz eine Art „denkende" Relais eingebaut. Immer das Relais, das der Fehlerstelle zunächst liegt, schaltet aus. Die Abschaltezeit ist beim verbreiteten Distanz-Relais der Impedanz, also der Leitungslänge bis zum Fehler proportional, bei Voigt & Haeffner ist es ein Spannungsabfallrelais. In Ringleitungen und Maschen baut man gegenläufig gestufte Überstromrelais mit Energie-Richtungsrelais ein. Mehrere parallele Leitungen schützt man mit dem Polygonschutz, wobei man die Stromwandlerspulen der einzelnen Stromwandler in ein Polygon schaltet und in die Diagonalen zum Mittelpunkt die Relais legt. Für zwei parallele Leitungen verwendet man den Achterschutz, der wie der Polygonschutz die kranke Leitung abschaltet.

Das Erdschluß-Relais betätigt bei Erdschluß einer Phase eine Signalhupe oder eine Fallklappe. Es liegt zwischen Sternpunkt und Erde und am Summenstrom.

Statt des Differentialschutzes wird bei Kabeln das Schutzsystem nach Pfannkuch verwendet: einige Decklagendrähte der Kabelseele sind isoliert und haben gegen das übrige Kabel 20 bis 50 V; bei Schluß zwischen beiden, also bei einer Zerstörung des Kabels, arbeitet ein Relais.

Um Überspannungen, Wanderwellen, atmosphärische Entladungen und andere Energiewellen von den Schalt- und Maschinenanlagen fernzuhalten oder sie abzuleiten und unschädlich zu machen, gibt es zahlreiche Einrichtungen, die man unter dem Namen „Ü b e r s p a n n u n g s s c h u t z" zusammenfassen kann und denen man in großen Anlagen einen eigenen Raum oder ein eigenes Stockwerk widmet. In die Fernleitungen selbst werden Schutzdrosselspulen, parallel, gegen Erde Kondensatoren eingebaut (Band I, Fig. 10). Funkenstrecken, die bei einer die Betriebsspannung um 30 bis 100% übersteigenden Überspannung ansprechen, werden unter Vorschaltung eines Dämpfungswiderstandes sowohl zwischen die verschiedenen Phasen oder Pole wie zwischen die einzelnen Phasen und Erde geschaltet (Band I, Fig. 9 und 10); es gibt Hörner- und Vielfach-Rollen-Funkenstrecken. Der Elektrolyt-Aluminium- sowie der Oxydfilm-Blitzableiter, die in Amerika verbreitet sind, können als Vereinigung einer Vielfach-Funkenstrecke mit Kondensator und Dämpfungswiderstand angesehen werden. Eine solche Vereinigung sind auch die elektrischen Ventile von Giles. Zur dauernden Ableitung von Ladungen dienen Erdungsdrosselspulen oder Erdungswiderstände in Form von Wasserstrahlerdern oder Ölwiderständen, die an die einzelnen Phasen oder an den Sternpunkt gelegt werden (Band I, Fig. 9 und 10). Stromwandler und andere im Hauptstrom liegende Spulen werden vielfach durch einen Widerstand oder Kondensator zur Aufnahme von Wanderwellen überbrückt. Über langen Freileitungen empfiehlt es sich, ein möglichst oft geerdetes Schutzdrahtseil oder mehrere solche Erdungsseile zu spannen. Siehe auch Abschnitt V 1.

Die nachteiligen Wirkungen der kapazitiven Erdströme ausgedehnter Hochspannungsnetze zeigen sich namentlich im intermittierenden Erdschluß-L i c h t b o g e n oder Erdschluß-Funken. In Amerika erdet man deshalb den Nullpunkt der Höchstspannungen direkt, in Deutschland wird zwischen Nullpunkt und Erde die Löschspule von Petersen oder der Löschtransformator von Bauch geschaltet. Die Erdung kann auch über einen induktionsfreien Widerstand erfolgen.

Der Bendemann-Schutz gegen Überspannungen ist ein Hörner-Blitzableiter, der über einen Dämpfungswiderstand geerdet ist. Sobald der Funke am Horn überspringt und Strom zur Erde fließt, werden durch ein Stromrelais die Hörner kurzgeschlossen. Dieser unter Öl schaltende Kurzschließer öffnet sich dann sofort wieder und unterbricht damit den Erdstrom endgültig unter Öl. Die in die Hauptleitungen gelegten Schutzdrosseln, die Überspannungen und Wanderwellen mit steiler Stirn abflachen und zurückwerfen sollen, werden öfters mit blanken Windungen ausgerüstet, zwischen denen Glimm- oder Korona-Entladungen auftreten können. Statt der Hörner empfiehlt sich wegen Fortfalles der Überschlagsverzögerung der Kugelschutz als Funkenstrecke, besonders zum Schutz von Hochspannungswicklungen der Turbogeneratoren.

Bei hohen Betriebsspannungen wird zur Ableitung von Überspannungen der Sprühschutz (Korona) verwendet, der in Glimm-Entladungen zwischen den Phasen oder gegen Erde besteht. Dr. P. Meyer hat einen solchen schon vielverbreiteten Glimmschutz eingeführt.

Um Öl-Transformatoren vor Störungen durch übermäßige Ölerhitzung zu bewahren, werden Kontakt-Thermometer eingebaut, die ein akustisches oder optisches Signal betätigen. Ebenso überwacht man Lagertemperaturen. Geht eine elektrische Maschine in der Drehzahl durch, so kann man sie durch einen Fliehkraftschalter schützen, der den Antriebsstrom abschaltet oder eine Bremse betätigt.

Abschließend mag noch betont werden, daß man die Schaltanlagen nicht mit Schutzapparaten überladen soll, da sie die Einfachheit und Übersichtlichkeit des Betriebes beeinträchtigen können.

b) Schutz gegen Lebensgefahr[7]. Erdung

Die Maßregeln zum Schutz des menschlichen Lebens beziehen sich sowohl auf die Errichtung wie auf den Betrieb der Schaltanlagen.

Schaltanlagen und ihre Apparate sind so zu bauen und aufzustellen, daß im Betrieb einer Verletzung von Personen durch Splitter, Hitze, Funken, geschmolzene Stoffe oder durch Stromübergang wirksam vorgebeugt ist. Auf der Vorderseite von Bedienungsschalttafeln und an Schaltsäulen und -pulten sind blanke, spannungführende Teile ganz zu vermeiden; alle derart leicht zugängliche, spannungführende Teile sind gegen zufällige Berührung abzudecken, sorgfältig zu isolieren oder zuverlässig zu erden. Die gesamte Hochspannung ist in abgesperrten Gängen oder Räumen unterzubringen. Die einzelnen Hochspannungszellen oder -kästen können nötigenfalls so verriegelt werden, daß sie erst zugänglich werden, wenn sie spannungslos sind. In Hochspannungsräumen müssen deutlich sichtbare W a r n u n g s t a f e l n „Nicht berühren", „Hochspannung Lebensgefahr" mit dem roten Blitzpfeil (Fig. 38) angebracht

Fig. 38. Warnungstafel des VDE.

Fig. 39. Isolierschemel.

sein. Nur vereinzelt werden die Bedienungsgänge der Hochspannungsräume dadurch i s o l i e r t ausgeführt, daß man trocken imprägnierte Holzbretter auf hohen Stützisolatoren aus Porzellan verlegt (Fig. 39) und sie noch mit Gummimatten oder Linoleum abdeckt. Bei einer einpoligen Be-

[7]) Siehe auch das Kapitel „Die mit elektrischen Anlagen verknüpften Gefahren" im Göschen-Band Niethammer: „Die Elektromotoren" II.

rührung ist dann außer dem Ladestrom kein gefährlicher Stromdurchgang zu erwarten, sofern von jeder Erdung abgesehen wird. Viel allgemeiner ist die Schutzerdung aller der Berührung zugänglichen Metallteile einschließlich der zur Betätigung der Apparate dienenden Griffe und Räder. Die Gehäuse und Gestelle der Apparate, Transformatoren und Maschinen sind mit Erdungsschrauben zum Anschluß der Erdleitung zu versehen. Auch der Übertritt von Hochspannung in Verbrauchs- oder Meßstromkreise ist durch Erdung dieser letzten oder durch den Einbau von den bei Überspannung Erdschluß herbeiführenden Durchschlagssicherungen zu verhindern. In der Umgebung von Leitungen mit 100 000 Volt und darüber nehmen Gebrauchsleitungen, Gerüste und Wände leicht lebensgefährliche Ladespannungen an, die durch gute Erdung abzuleiten sind.

Zur Erdleitung, die im Gebäude meist offen und nicht isoliert, außerhalb im Boden verlegt wird, sind Querschnitte von 16 bis 50 mm² in Kupfer oder bis 100 mm² in verzinktem oder verbleitem Eisen zu verwenden. Die eigentlichen, dauernd in Wasser oder in feuchtem Boden mindestens 1 m unter dem Grundwasserspiegel liegenden oder in Koks gebetteten Erder sollen reichlich große Oberfläche, möglichst 1 m² und darüber haben. Es kommen in Anwendung: rechteckige Erdplatten (Fig. 40)[8]) und spiralig verlegte Erdbänder (Fig. 41)[8]) aus verzinktem, verbleitem oder verkupfertem Eisenblech von mindestens 3 mm Stärke oder Kupfer-, Messing-, Blei- oder Zinkplatten von mindestens 2 mm Stärke; zwei bis drei parallele, mehrere Meter in den Boden eingetriebene galvanisierte Rohre (Fig. 42)[8]) von 25 bis 50 mm Durchmesser und 3 mm Stärke; Drahtnetze, vorhandene Rohrnetze, besonders solche für Wasser, nicht aber für Gas; Eisengerüste; in einem Wasserlauf oder See liegende Schienen usw. Auf eine gute rostsichere Verbindung zwischen Zuleitung und Erder ist zu achten, es ist eine gesicherte Verschraubung, Verschweißung, Vernietung

[8]) Nach Electrical World, Band 56, S. 1295.

und Verlötung anzuwenden. Ein ganzes Erdleitungsnetz für ein Kraftwerk zeigt Figur 43. Es ist auch ein möglichst vollkommener Gebäudeblitzschutz mit an Erde gelegten Auffangvorrichtungen anzubringen. Niederspannungsnetze haben unbedingt eigene, von der Hochspannung getrennte Erdvorrichtungen zu erhalten, ja es empfiehlt sich, jeden Pol oder jede Phase an getrennte, allerdings

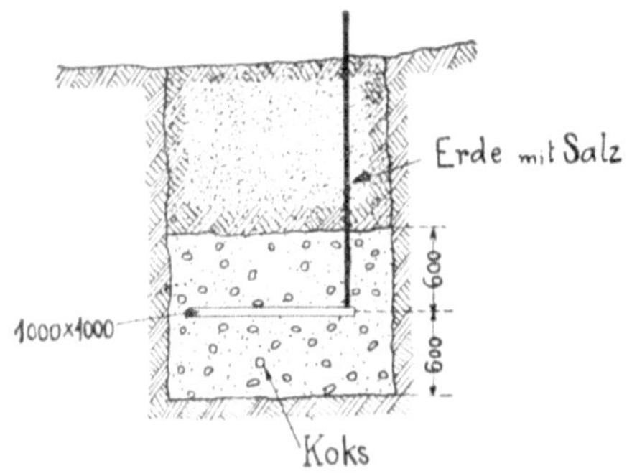

Fig. 40. Anordnung einer Erdplatte.

nicht zu weit auseinanderliegende Erdplatten zu legen. Ist der Erdübergangswiderstand groß, so kann an der Erdoberfläche ein lebensgefährlich hohes Spannungsgefälle auftreten, und alle mit der Erdleitung verbundenen Gehäuse und Stromkreise nehmen ebenfalls gefährliche Spannungen gegen Erde an. Ein längs Fernleitungen geführtes kräftiges Erdungsseil, das möglichst oft zuverlässig geerdet ist, bietet eine gewisse Sicherheit gegen eine unvorhergesehene Verschlechterung des Erdwiderstandes. Die Erdleitungen sind von Zeit zu Zeit auf ihren Zustand nachzuprüfen, wobei mit geeigneter Vorsicht auch die Erdwiderstände, die wenige Ohm nicht übersteigen sollen, festzustellen sind.

Fernsprecher, deren Leitungen längs einer Hochspannungsübertragung verlaufen, sind mit zuverlässigen Hochspannungsschmelzsicherungen, mit groben und feinen

(Vakuum-) Funkenstrecken zwischen den Leitungen und Erde auszurüsten. Diese Hochspannungs-Fernsprechapparate werden mit vorzüglich isolierten Hör- und Sprechansätzen, z. B. in Form von langen Gummirohren, ausgeführt, auch sonst, z. B. bei den Griffen und vor allem bei den Fernsprechleitungen, ist durchweg auf beste Isolation gegen Hochspannung zu achten; der Sprechende kann außerdem auf einen Isolierschemel (Fig. 39) gestellt werden. Zwischen

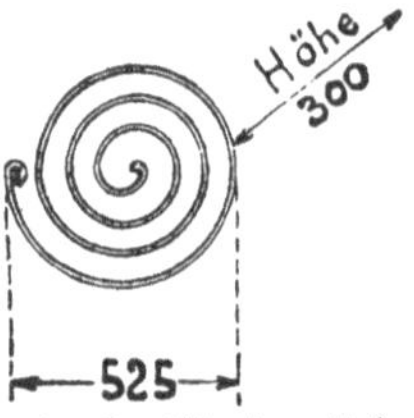

Fig. 41. Bandförmiger Erder.

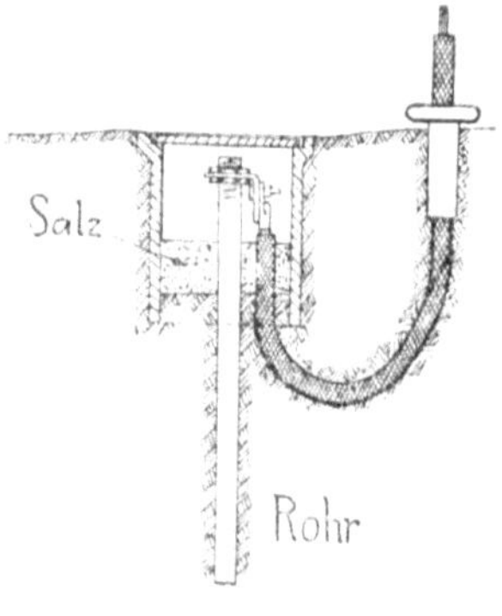

Fig. 42. Erdung durch Rohre.

Leitung und Sprechapparat kann ein sogenannter Isolationstransformator geschaltet werden. Neuerdings bewährt sich die leitungsgerichtete Radiotelephonie, wobei die Apparate durch einen Hochspannungskondensator mit den Fernleitungen kapazitiv gekoppelt werden.

Eine gut disziplinierte Betriebsführung vermag die Gefahren des elektrischen Stromes ganz wesentlich einzudämmen. Die Schlüssel zu den Hochspannungsräumen sind an einer verantwortlich gemachten Stelle zu verwahren, so daß der Zutritt zu denselben nur berufenen Personen möglich ist. Arbeiten an in Betrieb befindlichen Hochspannungsanlagen sind zu vermeiden; sind solche Arbeiten ausnahmsweise unerläßlich, so haben dabei mindestens zwei örtlich erfahrene, sorgfältig unterwiesene Personen anwesend zu sein. Bei solchen Arbeiten ist von Schutzvorrichtungen, die dauernd in einwandfreiem Zustand erhalten werden müssen, wie Gummischuhen, Schutzbrillen, isolierenden und am Griff geerdeten Schaltstangen

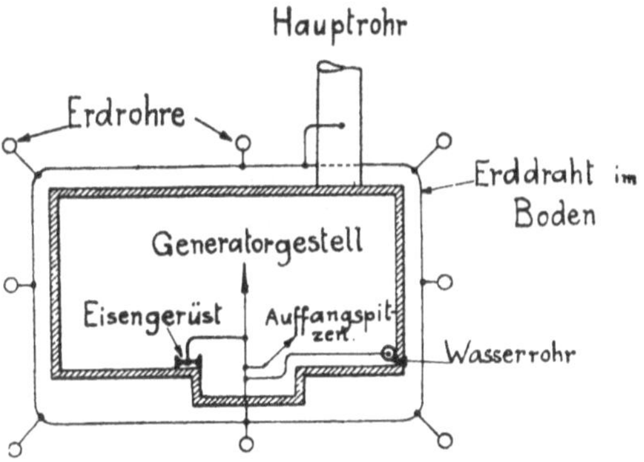

Fig. 43. Erdungsrohrsystem.

(Fig. 44) zum Öffnen von Trennmessern und entsprechenden Zangen (Fig. 45) zum Ersatz von Sicherungspatronen geeigneter Gebrauch zu machen. Jede unnötige Berührung von Leitungen, Apparaten und Maschinen ist zu verbieten. Ein außer Betrieb befindliches Stück einer Schaltanlage, an dem gearbeitet wird, soll allseitig sichtbar abgeschaltet, in sich kurzgeschlossen und sorgfältig geerdet sein, wozu vielfach eigene Kurzschluß- und Erdungsschalter eingebaut werden. Die Wiedereinschaltung von Schalttafelteilen darf erst erfolgen, wenn das gesamte fragliche Personal verständigt, aus den Hochspannungsräumen oder wenigstens von den beim Einschalten spannungführenden Teilen zuverlässig entfernt ist und alle Verbindungen mit noch außer Betrieb bleibenden Teilen abgenommen sind. Bau- und Reinigungsarbeiten sollten, wenn sie während des Betriebes wirklich unvermeidlich sind, nur unter schärfster, gewissenhafter, ununterbrochener Aufsicht durch ein mit den Gefahren vertrautes Personal ausgeführt werden. Ganz be-

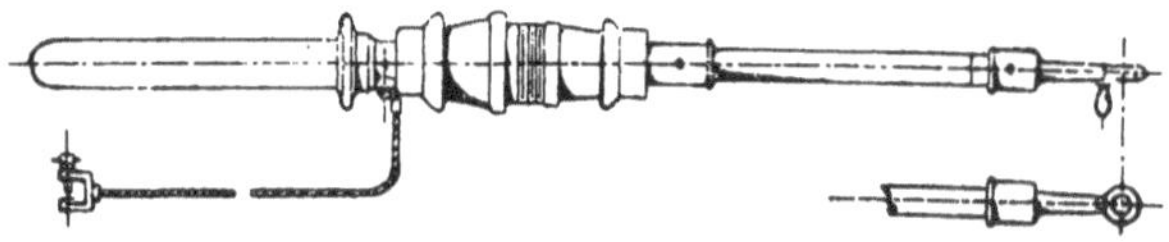

Fig. 44. Isolierte und geerdete Schaltstange.

sondere Vorsicht verlangt der mehr oder weniger provisorische Betrieb von Werken, die noch nicht ganz fertiggestellt sind oder erweitert werden.

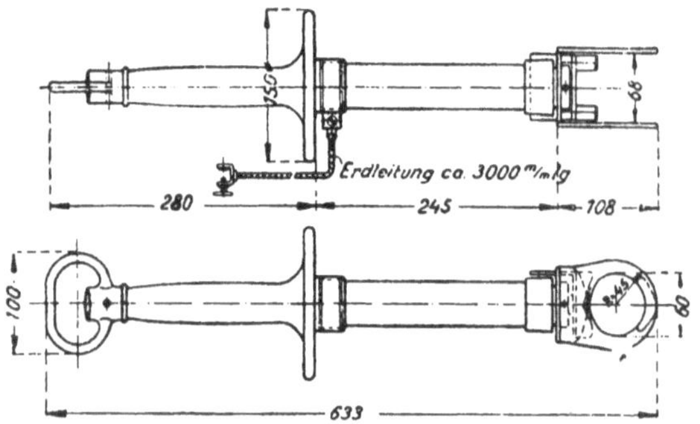

Fig. 45. Isolierte und geerdete Bedienungszange der A. E. G.

Eingehende Betriebsvorschriften und Anleitungen zur ersten Hilfeleistung bei Unfällen im elektrischen Betriebe, herausgegeben vom Verbande deutscher Elektrotechniker, sind an offensichtlichen Stellen auszuhängen. Jeder im Betrieb Beschäftigte ist durch Anschlag und Unterschrift über diese Vorschriften zu verständigen, auf die im Betrieb drohenden Gefahren und deren Abwendung aufmerksam zu machen.

c) Brandschutz

Überströme und Überspannungen können vor allem bei plötzlichen Kurz- und Erdschlüssen sowohl durch Lichtbogenbildung, Glimm- und Funkenentladungen wie durch Erhitzung von Leitungen, Kontakten, Wicklungen und Apparateteilen feuergefährlich wirken, da sich eben eine elektrische Schalt- und Maschinenanlage nicht ausschließlich aus feuersicheren Stoffen, die nicht entzündet werden können oder nach Entzündung nicht von selbst weiterbrennen, aufbauen läßt. Die Isolierung für Wicklungen von Maschinen, Apparaten und für Leitungen besteht größtenteils aus leicht entzündbaren Faserstoffen, die in leichtbrennenden Lacken, Ölen, Asphalt oder anderen Isoliermassen getränkt sind. Isolierungen aus Porzellan, Glimmer und Asbest können am ehesten als feuersicher bezeichnet werden, allenfalls auch blanke Leitungen, an denen aber besonders leicht Kurzschlüsse mit den damit verbundenen Feuererscheinungen und mechanischen Zerstörungen auftreten können. Die größte Feuersgefahr für elektrische Schalt- und Kraftwerke liegt in den unter Öl arbeitenden Apparaten und Transformatoren. Im Öl der Hochspannungsschalter treten bekanntlich betriebsmäßige Lichtbögen und Funken auf, die einen Teil des Öles verflüchtigen und in Wasserstoff und Azetylen zersetzen, so daß auch gewaltige Überdrücke, die zur Zerstörung der Ölbehälter führen können, auftreten. Ölbrände von Meßtransformatoren und anderen ölgekühlten Apparaten, vor allem aber Ölschalterexplosionen, gehören zu den folgenschwersten Betriebsstörungen eines Kraftwerkes, gegen die man energische Abwehrmaßregeln zu ergreifen hat.

Zunächst ist durch geeignete Ausführung der Schalter[9]) und der Schalterkontakte — möglichst Kupfer auf Kupfer —, durch die Wahl hoher Schaltgeschwindigkeiten[10]) und mehrfacher Unterbrechung pro Pol, durch Benutzung von Vor-

[9]) E. u. M. 1916, Heft 6, 7 und 25.

[10]) Zum Beispiel Ölschalter mit Schnellkontakten und Löschkammern der A. E. G.

kontakten mit Schutzwiderständen, von schwer entzündlichem, zuverlässigem Öl und von druckfesten explosionssicheren Ölkesseln dafür zu sorgen, daß die Ölschalter die im Betrieb möglichen, ungünstigsten Scheinleistungen sicher und wiederholt unterbrechen und die dabei auftretende Schalterarbeit gefahrlos bewältigen können. In schwierigen Betrieben ist das Öl regelmäßig zu erneuern[11]). Ist der Ölspiegel von Ölschaltern stark gesunken, so sollte eine selbsttätige Einrichtung das Schalten überhaupt verhindern. Die feuersicheren Zellen, in die die ölgekühlten Apparate eingeschlossen werden, sind so auszuführen, daß ein in einer Zelle ausbrechender Brand auf diese Zelle beschränkt bleibt. Ausströmendes heißes Öl wird am trogförmigen Zellenboden durch ein Metallsieb oder eine Sandschicht abgekühlt und dann durch ein System von Abzugsrohren aus Grauguß abgeführt und in einem Wasserlauf oder in Kiessickerungen unschädlich gemacht, während der entstehende qualmende und erstickend wirkende Rauch durch einen Schlot über Dach zu leiten ist. Die abgeschlossenen Zellen sollen ebenso wie die Ölkessel wegen der Explosionsgefahr mit einem Sicherheitsventil und Auswurfrohr ausgerüstet werden. Statt der abgeschlossenen Zellen kommen für sehr hohe Spannungen luftige feuersichere Schalterräume zur Anwendung, aus denen entstehender Rauch durch einen Turm rasch abgezogen wird; herumspritzendes Öl wird durch Abfangbleche aufgefangen und durch das erwähnte Rohrsystem abgezogen. Durch Errichtung eines ganz getrennten, freistehenden, ebenerdigen Ölschalterhauses (Fig. 31) läßt sich eine Gefährdung des übrigen Kraftwerkes infolge von Ölschalterexplosionen ausschließen. Jedenfalls sollten die Schalter in für sich abgeschlossenen Räumen mit feuersicheren Türen untergebracht sein und vom Maschinenraum und von der Bedienungstafel durch Feuermauern getrennt sein. Brown Boveri und Cie. machen die

[11]) Die Kessel von großen Ölschaltern und Transformatoren werden zweckmäßigerweise durch ein eigenes Rohrsystem in einen Behälter entleert. Das gebrauchte Öl wird filtriert und gereinigt oder auch in einer Zentrifuge von Wasser und Schmutz befreit, dann durch eine Elektropumpe wieder in die Kessel zurückgedrückt. Preßluftschalter siehe Abschnitt V 1.

Ölschalterkammern nur von außen zugänglich; sie bleiben entweder gegen außen ganz offen oder werden einfach durch Rolläden abgeschlossen.

Zur Unterdrückung von Ölbränden dienen als Löschmittel in Blechbehältern aufgestellter Sand oder doppeltkohlensaures Natron, woraus sich Kohlensäure zum Löschen entwickelt, oder ein Rohrsystem mit Preßkohlensäure. Das Löschen mit Wasser ist bei in Betrieb befindlichen elektrischen Anlagen schon wegen des Wasserschadens zu vermeiden. Der Verband deutscher Elektrotechniker hat „Leitsätze für die Bekämpfung von Bränden" herausgegeben: Beim Brande elektrischer Anlagen sind nichtleitende Löschmittel mit nichtleitenden Treibmitteln zu verwenden. In engen Räumen ist Tetrachlorkohlenstoff zu vermeiden. Lampen sollen eingeschaltet werden. Wasserstrahlen sollen nicht gegen Hochspannungsleitungen gerichtet werden, man soll mit dem Mundstück jedenfalls mehr als 15 m entfernt bleiben. Bei jeder Feuerwehr sind eigene Elektriker auszubilden.

V. Fortschritte im Schaltanlagenbau

1. Was die in Schaltanlagen verwendeten Apparate und Geräte anlangt, so hat man Typen entwickelt, die nach Möglichkeit Feuer- und Brandgefahr ausschließen und deshalb wenig oder kein Öl enthalten. Als Leistungsschalter werden gebaut:

a) S. S. W.-Expansionsschalter mit Wasser- (Expansin-) Füllung bis 35 kV. Bis 12 kV ist eine Expansionskammer mit elastischer Dampfkammer vorgesehen, über 12 kV eine Spritzkammer. Als Höchstleistungsschalter bis zu den höchsten Spannungen benutzen die meisten Firmen

b) Preßluftschalter (Preßgasschalter) mit 15 bis 25 atü Überdruck, wobei Störungen durch Feuchtigkeit auszuschließen sind, oder

c) ölarme Schalter (Strömungsschalter) mit Ölstrahllöschung und Vielfachunterbrechung; hierher gehört auch der fahrbare S.S.W.-Expansionsschalter (ES Fig. 49) mit Öl als Schaltflüssigkeit.

Der früher allgemein benutzte Ölschalter, der vielfach mit Löschkammer ausgeführt wird, bleibt auf mäßige Spannungen und Schaltleistungen beschränkt. Für 220 kV braucht der alte Ölschalter 15 t Öl, der ölarme kann mit 50 kg auskommen.

Bei großen Rechteckquerschnitten der Einfach- und Doppelsammelschienen, die häufig aus Aluminium bestehen, macht sich die Stromverdrängung stark bemerkbar; sie werden öfters durch Rohre ersetzt, von denen sich mit Überwurfklemmen leicht Abzweigungen ausführen lassen (Fig. 9).

Da die Nennleistung der einzelnen Kraftwerke immer mehr auf viele Hunderttausende Kilovoltampere wächst und zahlreiche Großkraftwerke in Verbundwirtschaft zusammengeschlossen werden, erreichen die auftretenden Kurzschlußleistungen ungeheuere Werte: 3×10^6 kVA und mehr. Das sind Werte, die das Schaltvermögen der besten unserer Höchstleistungsschalter übersteigen oder nur bei gewissen hohen Spannungen beiläufig erreicht werden. Es kommt zu schweren Schalterexplosionen. Um sie zu verhüten, muß die Anlage in Gruppen gefahren werden, die Leistung muß unterteilt werden. Auch die Transformatorwicklungen werden in Gruppen geschaltet, und die Verteilspannung wird möglichst hoch gewählt, z. B. 30 kV für größere Städte und Industrieanlagen. Gegebenenfalls kann man die Gruppen über große Luftdrosseln zusammenschließen, die die Kurzschlußleistung auf die von den eingebauten Hauptschaltern beherrschte Schaltleistung herabsetzen.

Bis zu den höchsten Spannungen sind Röhren-Sicherungen entwickelt worden. Die Lichtbogen-Löschung erfolgt durch flüssigen Tetrachlorkohlenstoff oder durch Gasstrom (Auspuffrohre) oder mit Hilfe langer Schmelzdrähte in Löschpulver (Quarzsand), wobei auch Stufenschmelzleiter verwendet werden.

Da Ankerrückwirkung und Streuspannung unserer heutigen Drehstromgeneratoren sehr hoch sind, um den Dauer- und Stoßkurzschlußstrom in mäßigen Grenzen zu halten, so können Drehstromanlagen nicht ohne Spannungs-

Selbstregler arbeiten. Ich erwähne die einfachen betriebssicheren Wälzregler (Eilregler), den Thury-Eilregler mit hin und her gehendem Antrieb zweier Schaltklinken und vor allem die Eilregler mit Preßöl-Servomotoren (Thoma-Regler), aber auch den altbekannten Tirril-Schnellregler, den Kohlendruckregler und schließlich die Röhren- oder Trioden-Regler. Besonders einfach sind der alte Bląthy- und Dick-Regler (Trägregler), wobei der von der Spannungsspule bewegte Eisenkern in einem Quecksilberbad schwimmt und bei seiner Auf- und Abbewegung weniger oder mehr Widerstandspiralen durch das Quecksilber kurzschließt. Auch die raschest wirkenden Schnellregler können kurzdauernde Spannungsschwankungen, die mit der magnetischen Trägheit der Erregerwicklungen zusammenhängen, nicht verhindern. Der Fliehkraftregler von Dampf- und Wasserturbinen wird häufig durch einen elektrischen Kleinmotor an den Klemmen des Generators oder eines besonderen Pendelgenerators mit Polen aus Dauermagneten angetrieben. Das Fliehkraftpendel der Turbinen kann aber auch ganz durch einen elektrischen Frequenzregler ersetzt werden, der den Ölservomotor betätigt.

Strom- und Spannungswandler werden häufig ohne Öl z. B. mit Porzellan oder mit Druckgas isoliert. Für die Haupttransformatoren wird vereinzelt unbrennbares Isolieröl verwendet, das aber sehr teuer ist. Da das Öl eine hohe Durchschlagsfestigkeit und eine ausgezeichnete Kühlfähigkeit besitzt und die Isolierfähigkeit der Faserstoffe verbessert, wird man Isolieröl kaum ganz aus der Elektrotechnik ausschließen können.

Strommesser, die mit einem Eisenkern direkt auf die Hochspannungsschienen aufgebaut werden, brauchen keinen besonderen Stromwandler. Die Meßinstrumente werden vielfach nicht rund, sondern quadratisch, aber auch als ebene oder gewölbte Profilinstrumente ausgeführt.

Um Schäden durch Überströme und Überspannungen an Maschinen und Transformatoren und anderen Anlageteilen zu vermeiden oder wenigstens zu vermindern, ist eine sehr umfangreiche Relaistechnik entstanden, siehe Abschnitt IV „Schutzvorrichtungen" S. 55 und das „Relaisbuch" von Dr.-Ing. Walter sowie „Die moderne Selektivschutztechnik" von M. Schleicher (Springer-Verlag) Differential- (Vergleichs-) und Impedanz- (Distanz-) Schutz findet man allgemein in elektrischen Anlagen, vor allem ist auch der Generator- und Transformatorschutz z. B. gegen Windungs- und Wicklungsschluß und gegen Eisenbrand eingeführt worden. Alle Relais vereinigt man an Tafeln auf der Rückseite der Bedienungsschaltwand und prüft sie periodisch mit einer fahrbaren Relais-Prüfeinrichtung (Podlusky, E. u. M. 62 [1944] S. 417).

Die auf Höchstspannungs-Freileitungen infolge atmosphärischer Störungen auftretenden Erd- und Kurzschlüsse und die aussetzenden Lichtbogen-Überschläge an Isolatoren bekämpft man mit der Kurzschluß-Fortschaltung, indem innerhalb etwa 0,1 . . . 0,3 s die Leitung beiderseitig abgeschaltet und dann nach weiteren 0,3 s wieder eingeschaltet wird. Besonders rasch, ja schlagartig wirkende Schnellschalter braucht man auf der Gleichstromseite von Gleichrichtern, um Schäden durch Rückzündungen zu vermeiden. Als Überspannungs-Ableiter (Blitzableiter) haben sich heute die Vielfachfunkenstrecken mit dahintergeschalteten spannungsabhängigen Widerständen aus Silit oder Karborundum (Halbleiter), die sogenannten Kathodenfallableiter (K. F. A. Fig. 48 a), allgemein eingebürgert; sie können Blitzströme von 1000 kA und mehr ableiten und dienen auch zur Ableitung von Schaltüberspannungen in Kabelnetzen. Als Grobschutz dienen Löschrohr-Funkenstrecken, die auch an Leitungsmasten aufgehängt werden.

Wegen der Schutz-, Meß- und Steuereinrichtungen in der Elektrizitätsversorgung verweise ich auf F. Niethammer in Z.d.V.d.I. 76 (1932) S. 601 und 717, wegen der Hochspannungsgeräte auf die VDE.-Vorschriften Gruppe 6, insbesondere VDE. 0670 und 0675. Danach ist für Geräte über $U = 2{,}5$ kV Nennspannung die Prüfspannung $U_P = 2{,}2\ U + 20$ kV während 1 bis 5 Minuten.

2. Über Ausführung und Betrieb der Schaltanlagen sei auf die VDE-Vorschriften Gruppe 1 für die Errichtung und den Betrieb von Starkstromanlagen hingewiesen.

Die S. W.-Schaltanlage in Fig. 46 bis 48 gehört zu einem Mitteldruck-Wasserkraftwerk mit drei Einheiten von zusammen 10 000 kVA bei 5 kV Generatorspannung, 22 und

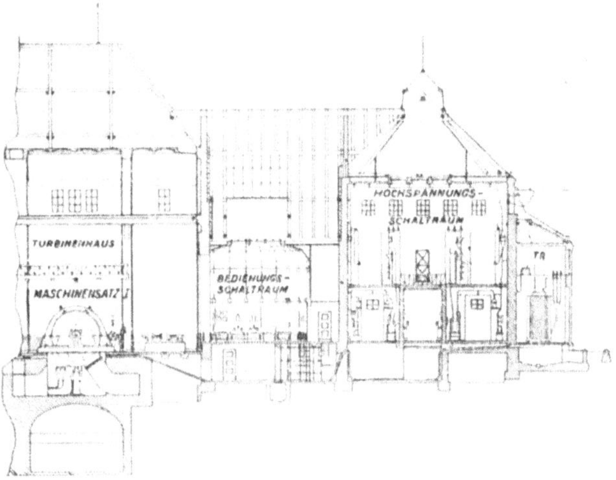

Fig. 46. Vom SW. gebautes Mitteldruck-Wasserkraftwerk mit 5 kV-Generatorspannung, 22- und 38-kV-Übertragungsspannung. (E. W. Kaaden a. d. Eger)

38 kV Übertragungsspannung. Auf der Seite des Maschinenhauses sitzt die halbkreisförmige hohe Bedienungs-Schaltwarte, dahinter folgt das mehrstöckige Hochspannungsschalthaus, und anschließend sieht man die Transformatorenkammern. Darüber verlaufen die Freileitungen und führen zunächst zu einem Eisengerüst, von wo sie nach allen Richtungen abgehen. Aus dem Schaltplan Fig. 48 sind alle Einzelheiten der Anlage zu erkennen. In Fig. 47 ist *Ga* = Gallerie, *K. T.* = Kesselturbine, *Tr* =

Transformator, *Dr.Tr* = Drehtransformator, *Ge* = Generator.

Die S.S.W.-Transformatorenstation, Fig. 49, eine Innenraumschaltanlage, formt 100 kV in 5 und 10 kV um: Vor

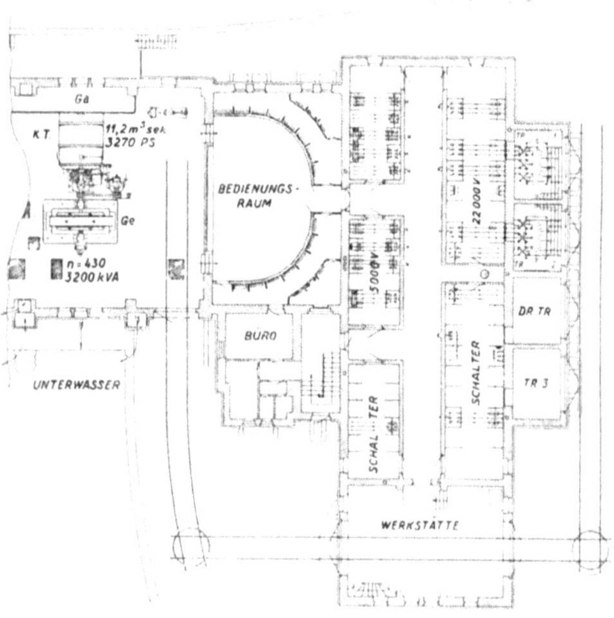

Fig. 47. Vom SW. gebautes Mitteldruck-Wasserkraftwerk mit 5 kV-Generatorspannung, 22 und 38 kV-Übertragungsspannung.

der Leitungsdurchführung durch das Dach sind Kathodenfall-Ableiter *BA* angebracht. Die 100-kV-Sammelschienen *HS* sind an Kappenisolatoren aufgehängt; dazwischen verlaufen Bedienungsgänge. *ES* ist ein fahrbarer Expansionsschalter mit zwei eingebauten Trennarmen *TA*. Unter den beiden 5 kV-Sammelschienen ist eine Lichtbogen-Schutzdecke *LS* angebracht, durch die Porzellandurchführungen durchgehen.

Durch schaltungstechnische Baukasten-Regelbauformen mit Hunderten von Bausteinen ist der Schaltanlagenbau rationalisiert und weitgehend genormt worden. Das hat auch dazu geführt, daß außer dem meist einpoligen Übersichtsschaltplan und dem vollständigen Wirkschaltplan auch ein Stromlaufschaltplan angefertigt wird, der die nach Stromwegen aufgelöste Darstellung der Schaltung mit Hilfsleitungen und mit Klemm- und Lötstellen wiedergibt, und schließlich kommt bei Baukasten-Anordnungen noch ein Ziffernsystem mit 5 Ziffern von 0 bis 4 in Frage (E. T. Z. 1942, S. 425 und 482).

3. Im Aufbau der Schaltanlagen für Kraft- und Unterwerke haben sich zur Verminderung der Störungen bei Ölbränden durch Verqualmung in den letzten 20 Jahren bei Spannungen von etwa 30 kV aufwärts immer mehr die schon unter „III c Freiluftwerke", S. 51, erwähnten

Freiluftschaltanlagen

meist als Flachbau oder bei beschränkter Grundfläche als Hoch- und Mittelbau, neuerdings in Kiellinien-Bauweise (Fig. 50 und 51) allgemein durchgesetzt, nur in seltenen Fällen, z. B. bei stark staubiger Luft, sind sie ausgeschlossen. Die Gerüste bauen sich aus Gittermasten oder Vollblechträgern oder aus Eisenbetonmasten auf. Es ist zweckmäßig, die Sammelschienen und Verbindungen als Rohrleiter (Fig. 50 und 51) auszubilden. Auch eisengepanzerte, ölgefüllte Schaltanlagen werden im Freien aufgestellt. Zwecks Landschaftsschutz lassen sich Freiluftschaltanlagen in einem kleinen Gehölz oder in einem angepflanzten grünen Mantel unterbringen, wobei man nicht über 8 bis 10 m Höhe hinausgehen sollte. Alle Freiluftapparate müssen absolut wasserdicht abgeschlossen sein. Gegen Verschmutzung der Freiluftanlagen empfiehlt sich die Verwendung von Nebelporzellan, von Lichtbogenschutzarmaturen und der Einbau von Regenanlagen. In Fig. 50

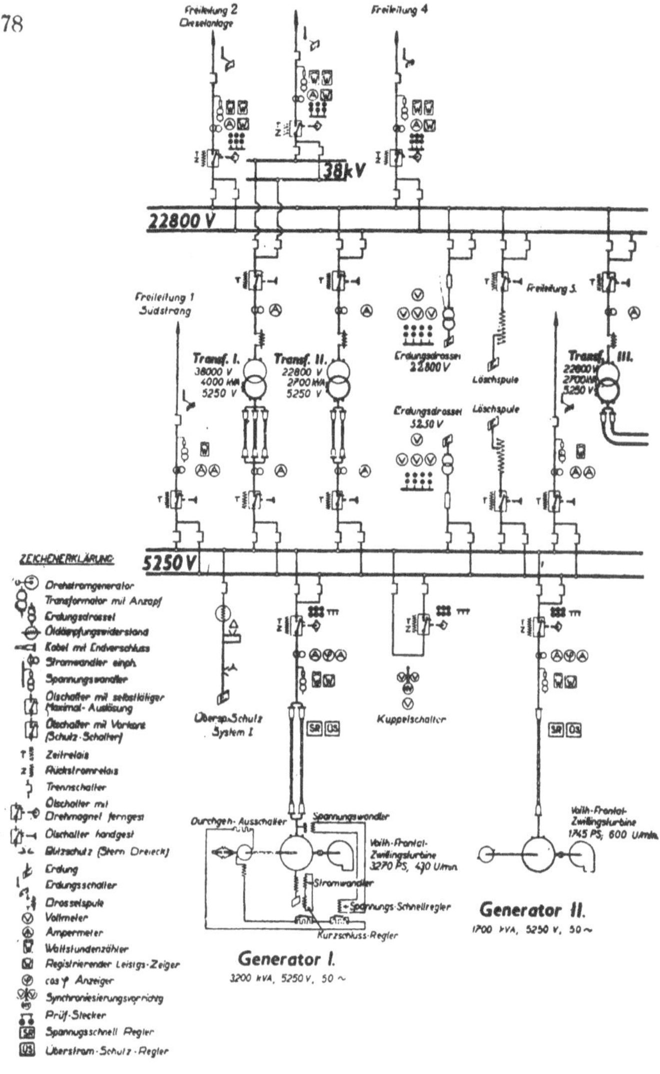

Fig. 48. Schaltplan zu Fig. 46 und 47.

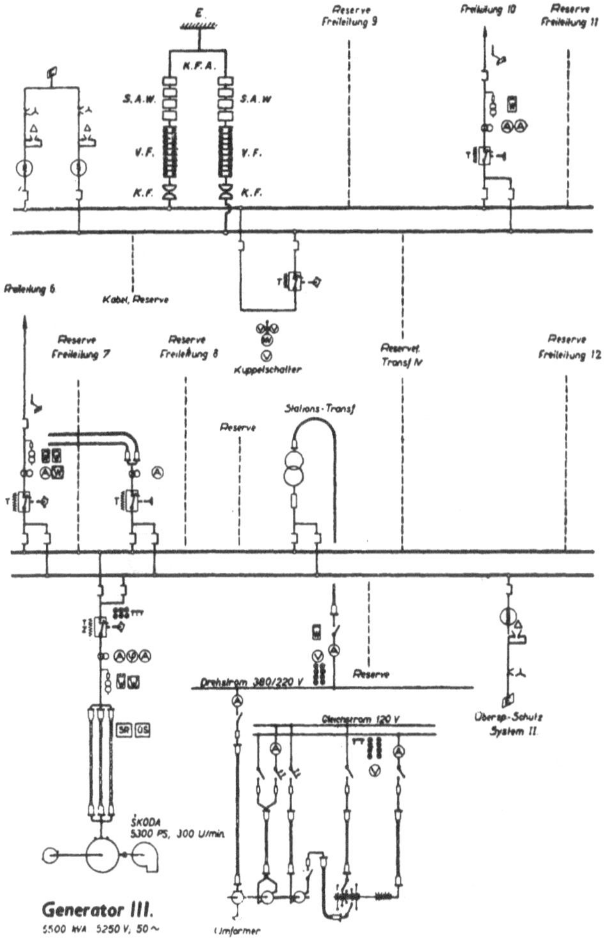

Fig. 48 a. Schaltplan zu Fig. 46 und 47.

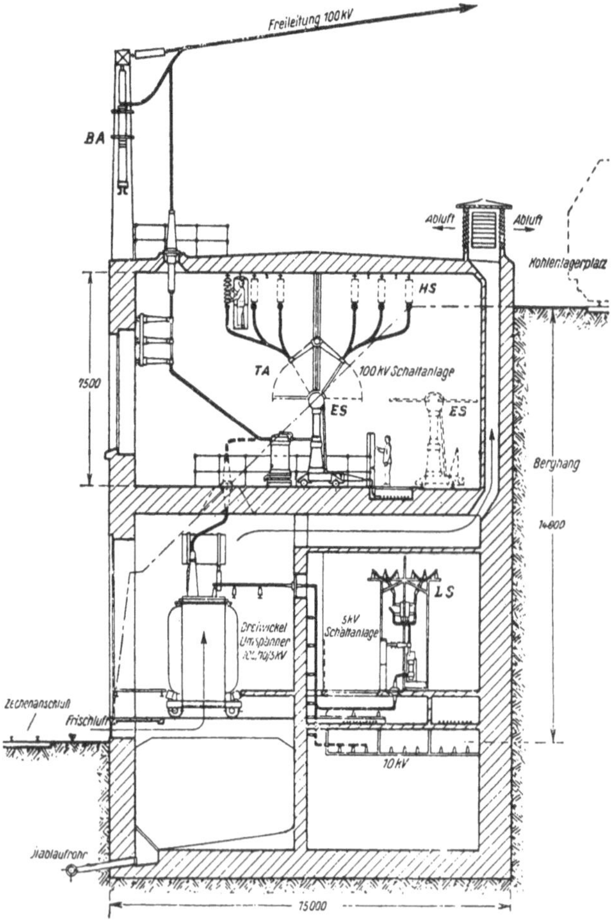

Fig. 49. S. S. W-Transformatorenstation 100 kV auf 5 und 10 kV mit Expansionsschaltern ES Reihe 100.

und 51 der B. M. W. sind *SS* die Rohrsammelschienen, *ES* = Expansionsschalter, *TS* = Trennschalter, *BA* = Kathoden-

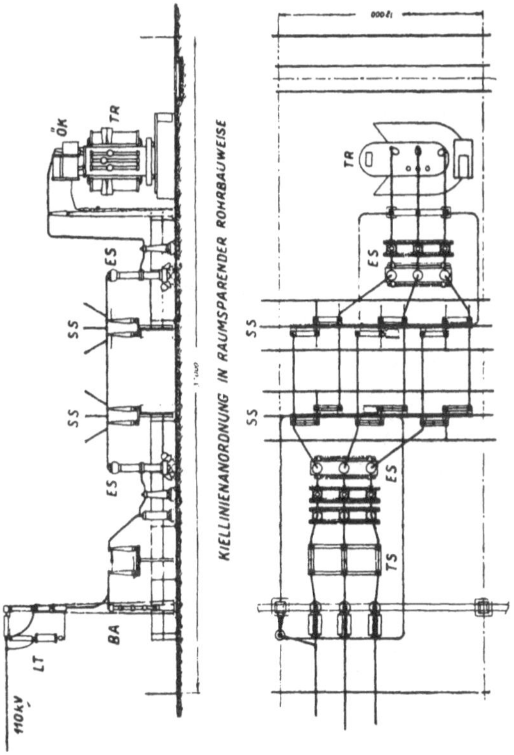

Fig. 50 und 51. Freiluftschaltanlage mit Transformator der B. M. W.

fall-Blitzableiter, *LT* der Anschluß der leitungsgerichteten Telephonie und *TR* der Transformator mit dem Ölkonservator (Ölausdehnungsgefäß) *ÖK*.

Als Zwischenkonstruktion zwischen Hallenbau (Fig. 49) und Freiluftanlage wird der allseits offene Säulenhallenbau (tettoia) ausgeführt.

Schlagwettergeschützte Schaltanlagen bringt man in Stahlgehäusen mit schraubenlosem Gelenk-Keilverschluß unter.

4. Mit der wachsenden Ausdehnung der Elektrizitätswerke und dem Zusammenschluß vieler Werke und Netze sowie mit dem weitgehenden Ausbau der Funktionen des unter I e erwähnten Lastverteilers, der die zweckmäßige Versorgung größerer Bezirke mit elektrischer Energie regelt und überwacht, sind zur Erhöhung der Betriebssicherheit sinnreiche Selbststeuer- und Fernwirkeinrichtungen in Schaltanlagen sowie viele bedienungslose, selbsttätige oder ferngesteuerte Kraft- und Unterwerke entstanden, wobei für die Apparate und Geräte wie für die Übertragungskanäle die Bauelemente der Fernsprech- und Telegraphentechnik als Vorbild gedient haben. Häufig ist eine Kombination der Fernsteuerung mit der Selbststeuerung (Automatik) die beste Lösung, wobei sämtliche zwangsläufigen Vorgänge (Anlaufen und Abstellen) sowie die Überwachungs- und Sicherungsschaltungen zwecks Behebung von Störungen der Selbststeuerung, dagegen die willkürlichen Eingriffe, wie Zu- und Abschalten von Maschinensätzen, häufig auch die Einstellung der erforderlichen Leistungen der Fernsteuerung überlassen werden können.

a) Zunächst dienen die Fernmeßeinrichtungen zwecks Fernüberwachung der Betriebsführung zur Orientierung des Lastverteilers. Die Zeigerausschläge aller wichtigen Instrumente, Störungs- und Gefahrenmelder im Kessel- und Maschinenhaus, diejenigen der Generatoren und Transformatoren wie die der Fernleitungen einschließlich des Wasserstandes von Wasserkraftwerken werden zunächst für das eigene Großkraftwerk auf Meßtafeln beim Lastverteiler übertragen. In gleicher Weise werden aber auch alle wichtigen Größen und Gefahrenmeldungen der Unterwerke und der parallel arbeitenden Kraftwerke zum Lastverteiler fernübertragen. Bei mäßigen Entfernungen genügt das Gleichstromverfahren, wobei der Zeiger des Senders mit wachsendem Ausschlag stetig Widerstand in einem Stromkreis mit konstanter Spannung verstellt und der geregelte Strom zum Fernzeiger geht. Um allen Beeinflussungen zu entgehen, benutzt man bei größeren Entfernungen meist eines der Impulsverfahren:

Das Impulszeitverfahren mit veränderlicher Zeitdauer (oder Länge) des übertragenen Impulses, das Impulszahlverfahren, wo allgemein die Impulszahl geändert wird, und das Impulsfrequenzverfahren, wo die Zahl der Impulse in der Sekunde sich ändert. Der umlaufende Kontaktapparat, der Geber, gleicht im Aufbau einem Zähler.

Hierher gehört auch die Summenmessung und Summenzählung, die meist als Fernsummierung nach dem Impulsverfahren ausgebildet sind. Dabei werden z. B. die Angaben mehrerer Zähler mit Kontaktvorrichtungen in parallelen Leitungen summiert und dann zu einem Summenzählwerk, das auch mit Maximumzeiger versehen wird, fernübertragen. Die Summierung kann auch einfach durch Summenstromwandler erfolgen.

An der Schaltwarte des Lastverteilers werden für die wichtigsten Größen neben den Zählern und Fernzählern schreibende Instrumente angeordnet, so daß man sich jederzeit ein Bild über die Wirtschaftlichkeit und Sicherheit der Anlagen machen kann.

b) Die Anordnungen des Lastverteilers an die einzelnen Schaltstellen und ihre Quittierung erfolgen durch Fernsprecher mit Magnetophon zur Festhaltung des Gesprochenen oder mit Telautograph oder Fernschreibmaschine oder Bildschreiber. Immer mehr greift aber heute der Lastverteiler (das Netzkommando) direkt ein durch Automatik und durch Einführung von Fernwirkanlagen; er benutzt außer der Fernmessung geeignete Einrichtungen zur Fernregelung der Spannung und der von einem Kraftwerk abzugebenden Wirk- oder Blindleistung und der Frequenz durch Fernverstellung des Leistungs-Reglers oder Erreger-Reglers, ferner Fernsteuer- oder Fernschalteinrichtungen, mit denen Schaltbefehle übertragen, einzelne Maschinensätze oder ganze Anlagen von der Ferne ein- und ausgeschaltet werden, und schließlich Einrichtungen zur Fernmeldung, also zum Beispiel zur Fernübertragung von Schalterstellungen (ein oder aus).

Bei der selbsttätigen Regelung der Leistungsabgabe werden häufig Fahrplanregler oder Sollwertregler z. B. in Form von Schablonen benutzt, die die Leistungsabgabe über einen ganzen Tag festlegen. Die Frequenzregelung erfolgt häufig durch eine Synchronuhr, die an der fraglichen Maschine liegt und die gegen eine astronomische Uhr oder eine Quarzuhr abgeglichen wird; die Differenz der beiden Uhren verstellt den Geschwindigkeitsregler, bis beide Zeiger sich decken. Bei der Fernregelung verstellt überhaupt häufig die Differenz zwischen Ist- und fernübertragenem Sollwert nach ganz verschiedenen Methoden die Regler.

Die Auswahl der verschiedenartigen Schaltbefehle erfolgt

1. durch Zuweisung einer eigenen Leitung für jeden Vorgang, was nur bei geringen Entfernungen zulässig ist,
2. durch Leitungskombinationen, im allgemeinen aber
3. durch Synchronwähler auf der Sende- und Empfangsseite,
   α) motorangetrieben, in Nachbildung des Springschreibers aus der Maschinentelegraphie,
   β) mit Schrittantrieb wie beim Selbstanschluß-Fernsprechsystem, also wie bei der automatischen Telephonie,
4. durch automatische Impulsgeber, ein Verfahren, das für die allgemeine Verwendung am geeignetsten ist,
   α) nach dem Schrittwählerverfahren, das ganz der automatischen Telephonie entspricht und das auch als Impuls-Gruppen-Verfahren ausgebildet ist, wobei eine anzahlmäßig veränderliche Impulsgruppe die Auswahl besorgt und die Summe aller Impulse konstant ist,

β) nach dem Code-Verfahren, wobei jede Meldung aus einer Kombination verschiedenartiger Impulse wie beim Morse-Alphabet der Telegraphie besteht; es werden ebenfalls Schrittwähler oder Springschreiber-Verteiler benutzt.

In allen Fällen sind noch eine Reihe Relais und Betätigungsschalter nötig, wie sie aus der automatischen Telephonie bekannt sind.

Bei allen Auswahl-Verfahren außer 1. ist eine Sicherstellung der richtigen Auswahl und der richtigen Befehlsausführung erforderlich.

Kennzeichnend für alle Fernwirkanlagen ist, daß die Zahl der Übertragungs- oder Verkehrskanäle, die mit 24 . . 60 V arbeiten, auf ein Mindestmaß herabgesetzt wird, z. B. auf zwei Fernsprechdrähte. Es werden häufig zwei Adern oder eine Viererverbindung aus Fernsprech-Erdkabeln, bei großen Entfernungen aber vor allem drahtlose, möglichst leitungsgerichtete Hochfrequenzübertragungen benutzt, wobei jede Hochfrequenzträgerwelle als besonderer Kanal gezählt wird. Überhaupt kommt in den meisten Fällen eine Mehrfachausnutzung der Kanäle in Frage, also die gleichzeitige Übertragung mehrerer Signale und der Fernsprechströme auf einem Kanal, wie das aus der Telegraphen- und Fernsprechtechnik bekannt ist.

Ist ein Schalt- oder Steuervorgang erfolgt, so wird das der Sendestelle mit Steuerquittungsschaltern (Fig. 53) oder Quittungszeichen optischer oder akustischer Art rückgemeldet.

c) Bei der automatischen Schaltanlage wird das Kraft- oder Unterwerk vollständig selbsttätig in der richtigen Reihenfolge und in kürzester Zeit vom Stillstand in Vollbetrieb gesetzt und auch selbsttätig wieder abgestellt. Es sind vor allem die Schnellbereitschaftsanlagen, die beim Ausfall von Kraftwerken und Fernleitungen vollständig automatisch einspringen müssen; dazu gehören auch die großen Pumpspeicherwerke, für deren Anlauf und Umschaltungen eine vollständige Automatik mit Fernsteuerimpulsen benutzt wird. Den ersten

Impuls für die Automatik gibt ein Kontakt an einer Uhr oder an einem Schwimmer einer Wasserkraftanlage oder an einem Leistungs- oder Frequenzzeiger oder das Einlegen des Hauptschalters der Zuleitung durch den Lastverteiler. Die Ventile und Schieber der Antriebsmaschine wie die verschiedenen elektrischen Schalter werden durch Elektromagnete oder Elektromotoren oder durch Preßöl-Servomotoren, die alle durch voneinander abhängige Relais, also durch eine Relaiskette oder mit Hilfe einer motorgetriebenen Steuerwalze bei entsprechender gegenseitiger Verriegelung gesteuert werden, geöffnet und geschlossen. Für das Synchronisieren und Parallelschalten benutzt man immer allgemeiner selbsttätige Einrichtungen, die sehr genau und sehr rasch arbeiten; sie schalten schon bei einem gewissen Schlupf (bis etwa 1 Prozent) parallel. Der Vorgang bei der selbsttätigen Inbetriebsetzung eines Wasserkraftwerkes mit Synchrongeneratoren ist etwa folgender: Durch das Einschalten des Fernleitungsschalters beim Lastverteiler im Hauptwerk erhalten die Hilfsantriebe des führenden Maschinensatzes im selbsttätigen Kraftwerk Spannung, und die Druckölpumpe setzt sich selbst in Betrieb, dann läuft der Schützenmotor an, die Wasserturbine erhält Druckwasser und läuft hoch. Der Turbinenregler stellt die richtige Drehzahl ein, worauf die Erregung samt dem Spannungs-Selbstregeler eingeschaltet, der Hauptgenerator selbsttätig synchronisiert und mit dem Hauptschalter parallel geschaltet wird. Schließlich wird die Wirkleistung durch einen Schwimmer und die Blindleistung durch einen cos φ-Regler eingestellt, was auch durch Fernsteuerung vom Lastverteiler erfolgen kann.

Beim Auftreten von Störungen an bedienungslosen Anlagen, z. B. beim Heißlaufen eines Lagers oder zu hoher Wicklungstemperatur, muß die Anlage selbsttätig stillgelegt werden und es muß das Hauptwerk, wo immer Personal anwesend ist, durch ein Signal (Fallklappen und Hupen) darauf aufmerksam gemacht werden. Sofern das selbstgesteuerte Werk mehrere Einheiten oder Maschinensätze enthält, die nicht alle gleichzeitig im Betriebe sind, muß beim Ausfall einer Einheit infolge einer Störung sofort automatisch eine der stillstehenden Einheiten in Betrieb gesetzt werden; außerdem können die noch in Betrieb befindlichen überlasteten Einheiten durch Vorschalten von Schutzwiderständen oder andere Maßnahmen vor Überlastung so lange geschützt werden, bis die neu zuzuschaltende Einheit voll in Betrieb ist. Ich verweise schließlich auf Dr. W. Stäblein, Die Technik der Fernwirkanlagen, R. Oldenbourgs Verlag, München und Berlin.

5. In den großen Bedienungs-Schaltwarten und Kommandoräumen der Lastverteiler mit ihren umfangreichen Fernwirkanlagen werden auf den Schaltwänden oder auf Schaltpulten lebende Kopierschemen, Blindschaltbilder oder Leuchtschaltpläne (Fig. 52 bis 55), die als Meldeschaltbilder dienen und z. B. mit 24 V arbeiten, vorgesehen. Daraus ist der durch Fernmeldung gekennzeichnete Zustand der elektrischen Anlagen einschließlich Kessel und Turbinen zu ersehen, also alle Schalterstellungen durch Stellungszeiger oder farbige Glimmlämpchen, alle elektrischen Leistungen und anderen Größen an Hand von Lichtsäulen-Instrumenten oder Schattenpfeilgeräten. Was von der Anlage an Leitungen unter Spannung ist, ist im Leuchtschaltbild weiß; was spannungslos ist, ist grün (in Fig. 54, von links nach rechts schraffiert); offene Schalter sind rot (in Fig. 54, kreuzweise schraffiert).

Auch Schaltfehlerschutz wird am Leuchtschaltbild (Fig. 54) derart vorgesehen, daß vor der Betätigung von Schaltern, deren Einlegen gefährlich wäre, durch auffälliges, farbiges, flimmerndes Blinklicht auf dem gefährdeten Teil des Leuchtschaltbildes und durch Ruf gewarnt wird, was durch automatische Verriegelung mit einem als Schaltwalze ausgebildeten Blockapparat erfolgt. Bedienungsfehler in handbedienten Großabnehmer-Anlagen versucht man ebenfalls durch mechanische oder elektrische Verriegelungen zu verhüten. Die Betätigungsschalter *St* für die Fernsteuerung werden auf Schaltpulten in ein körperliches Schaltschema aus Messingschienen (Fig. 54) eingebaut.

Fig. 55 zeigt ein W ä r m e s t r o m - Leuchtbild für ein Kraftwerk mit hunderttausend kW, es sind drei Turbo-

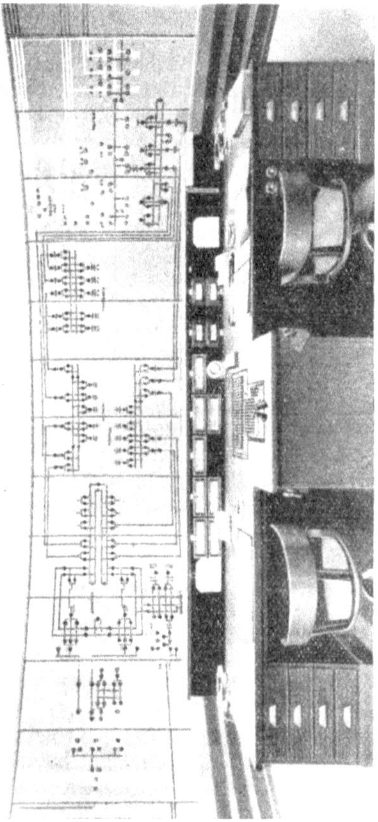

Fig. 52.
S. S. W.-Bedienungs- und Überwachungswarte eines großen Elektrizitätswerkes mit Leuchtschaltbild für Nah- und Fernsteuerung und Rückmeldung.

sätze und acht Kessel. An den Schattenpfeilinstrumenten können die Frischdampfverhältnisse, die Vakua, die Temperaturen, die Lastverteilung usw. kontrolliert werden. Der Zustand der Rohrleitungen „unter Druck" oder „drucklos" wird durch verschiedene Farben angezeigt.

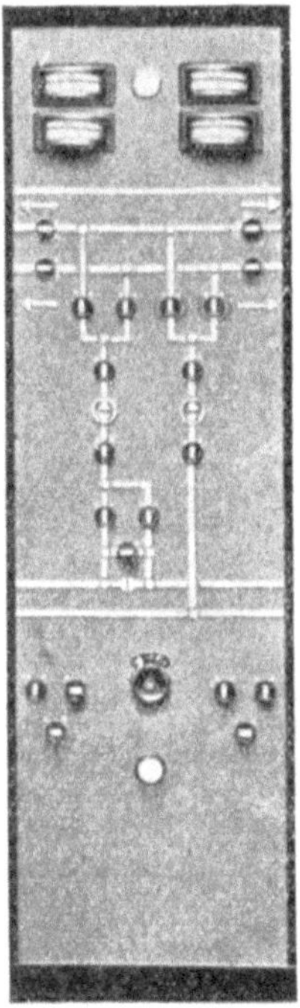

Fig. 53. Einzelnes S. S. W.-Leuchtschaltfeld mit Steuer- und Quittungsschaltern.

6. Der Entwurf einer großen Schaltanlage oder einer Freiluftanlage, eines Schalthauses mit Bedienungs- und Lastverteiler-Warte spiegelt die ganze große elektrische Anlage in allen Teilen, meist mit einem großen Verbundnetz wieder und ist eine umfangreiche Berechnungs- und

Konstruktionsarbeit; es gehört auch Kunstsinn und viel Erfahrung auf dem Gesamtgebiet der Elektrotechnik dazu. Zunächst handelt es sich um die zweckmäßige Auswahl der vielen Apparate und Geräte, die in die Schaltanlage ein-

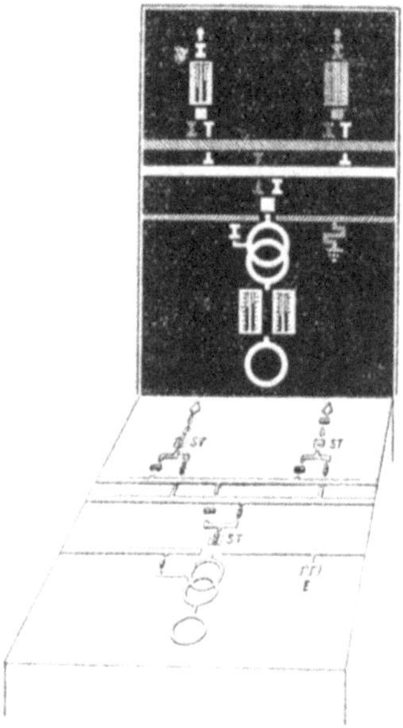

Fig. 54. BBC-Einzelfeld eines Leuchtschaltbildes (oben), davor ein Pult für das Messing-Steuerschema mit eingebauten Steuerschaltern *St* zur Fernbetätigung der Leistungsschalter.

gebaut werden müssen. Um die Leistungsschalter, Stromwandler und andere, vom Strom abhängige Geräte richtig auswählen zu können, hat man aus den entsprechenden Kurzschlußreaktanzen die gesamte Kurzschlußleistung aller angeschlossenen Generatoren und Netze wie ihren zeitlichen Verlauf an den wichtigsten Stellen zu ermitteln. An Hand der auftretenden Stoßkurzschlußströme lassen

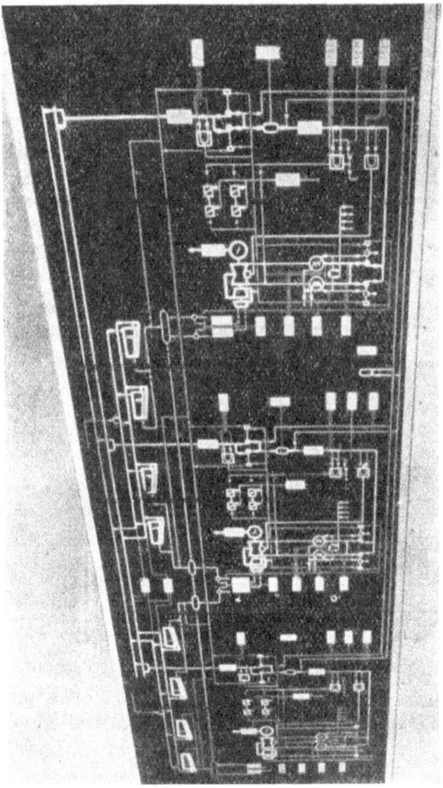

Fig. 55. BBC-Wärmestrom-Leuchtbild für die Überwachung der Kessel- und Turbinenanlage eines Großkraftwerkes.

sich die größten Stromkräfte zwischen Sammelschienen und zwischen den Verbindungsleitungen berechnen und bei kurzen Abständen der Stützpunkte ihre solide Befestigung durchführen und Schwingungsresonanz vermeiden.

Die Übertemperatur von Leitungen, Schienen, Klemmen und Schaltstücken soll nirgends 45° C über der Raumtemperatur von 35° C liegen. Bei Kurzschluß muß so rasch abgeschaltet werden, daß die Übertemperatur von Kabeln 160° C und von blanken Leitern 300° C keinesfalls übersteigt. Isolier- und Löschflüssigkeiten sollen sich im Betrieb möglichst wenig erwärmen, jedenfalls nicht mehr als um 30° C bis 40° C. Bei Schmelzsicherungen darf der Schmelzdraht das Sicherungsrohr und die anderen Teile nicht so stark erhitzen, daß die Sicherung beschädigt wird; man muß deshalb die Übertemperatur auf 65° C bei Faserstoffen und auf 165° C bei keramischen Stoffen beschränken. Um Funkenüberschläge und Durchschläge in der Schaltanlage zu vermeiden, sind die elektrischen Feldstärken $\mathfrak{E}$ in V/cm an allen wichtigen Stellen nach den Regeln der Hochspannungstechnik nachzurechnen, und es ist ein ausreichender Sicherheitsgrad einzuhalten. Als Anhaltspunkt mag dienen, daß bei einer Nenn- und Leitungsspannung U in kV die Abstände x in Luft zwischen Leitungen und zwischen Schienen etwa folgende Werte in Zentimeter einhalten sollen:

$$x = 10 + 0{,}7\ U \text{ bis } 25 + 1{,}2\ U,$$

der erste Wert gegen Wände und Gehäuse. In Freiluftanlagen ist x größer zu wählen als in Gebäuden. Alle Eisengerüste sind gut zu erden. Durch geeignete feuersichere Abdeckungen aus Asbestplatten (Lichtbogenschutz *LS* unter den Sammelschienen in Fig. 49) ist ein Umherspringen von Lichtbögen, die den Leitungen entlang laufen, zu verhindern. In dieser Hinsicht ist das Ziehen von Trennschaltern unter Last besonders gefährlich. Die Verqualmung ist durch rasches Wegleiten und Ersticken von brennendem Öl zu vermeiden. Dazu ist es zweckmäßig, die Ölkessel am Deckel im Boden aufzuhängen, damit abfließendes Öl in einen darunterliegenden Kanal abläuft (Fig. 30).

Wichtig in Schaltanlagen sind die Einrichtungen zur zuverlässigen raschen Verständigung mit dem ganzen Betrieb und die zuverlässige Signalgebung in Störungs- und Gefahrenfällen.

Schalträume müssen überall gutes Tageslicht haben und sind auch mit guter allgemeiner, nicht blendender, indirekter künstlicher Beleuchtung zu versehen, so daß Störungen rasch gefunden und behoben werden können. Freiluftanlagen erhalten Flutlicht. Im Sommer sind die Schalträume gut zu ventilieren. Durch die Umspannerkammern, die man am besten gegen Norden legt, soll quer ein Frischluftstrom von unten nach oben strömen (Fig. 49). Im Winter kann bei großer Kälte namentlich in Freiluftanlagen das Isolieröl einfrieren, was durch elektrisches Heizen zu bekämpfen ist, am besten durch Dauereinschaltung des Transformators. Der Gefrierpunkt von Kälteöl muß unter — 40° C liegen.

Der wichtigste Punkt der Elektrizitätsversorgung ist heute die Forderung der Kontinuität des Betriebes, die ununterbrochene Stromlieferung, wozu die zweckmäßige Disposition der Schaltanlagen und die Tätigkeit des Lastverteilers wesentlich beitragen können.

7. Die in us-amerikanischen Hochspannungs-Schaltanlagen vielfach durchgeführte vollständige Phasentrennung erhöht zweifellos die Betriebssicherheit ganz bedeutend, wenn auch die Übersichtlichkeit darunter leidet. In US-Amerika und in den meisten anderen Ländern werden die Nullpunkte der Hochspannungswicklungen der Transformatoren von 50 bis 400 kV unmittelbar geerdet, wobei jeder Erdschluß ohne Störung durch die Kurzschlußfortschaltung entfernt, jedoch die Isolation gegenüber nicht geerdetem Nullpunkt wesentlich herabgesetzt wird und die Betriebsverhältnisse, namentlich bei Überspannungen, vereinfacht werden. In Deutschland wird dieser Nullpunkt nicht geerdet, es wird an den Nullpunkt eine sinnreiche Löschdrossel angeschlossen, die die Erdkapazität des Netzes kompensiert, so daß einige Zeit auch mit Erdschluß gefahren werden kann. Trotz dieses Vorteiles bedeutet der isolierte Nullpunkt bei Hoch-

spannung eine Erschwerung der Ableitung von Überspannungen und eine Komplikation im Aufbau des Transformators und damit auch für den Betrieb, so daß immer mehr die Erdung des Nullpunktes, namentlich für Spannungen von 200 kV aufwärts, empfohlen wird.

Register

Kolibri 360 GmbH
Ferdinand-Jühlke-Straße 7
99095 Erfurt, Deutschland
produktsicherheit@kolibri360.de